现代旅游经济管理理论探索与研究

焦 莉◎著

吉林出版集团股份有限公司

图书在版编目（CIP）数据

现代旅游经济管理理论探索与研究 / 焦莉著 . — 长春 : 吉林出版集团股份有限公司，2021.6
ISBN 978-7-5731-0520-2

Ⅰ．①现… Ⅱ．①焦… Ⅲ．①旅游经济－经济管理－研究 Ⅳ．①F590.1

中国版本图书馆 CIP 数据核字 (2021) 第 214069 号

现代旅游经济管理理论探索与研究

著　　者	焦　莉
责任编辑	郭维亚
封面设计	林　吉
开　　本	787mm×1092mm　　1/16
字　　数	210 千
印　　张	9.5
版　　次	2021 年 12 月第 1 版
印　　次	2021 年 12 月第 1 次印刷
出版发行	吉林出版集团股份有限公司
电　　话	总编办：010-63109269
	发行部：010-63109269
印　　刷	北京宝莲鸿图科技有限公司

ISBN 978-7-5731-0520-2　　　　　　　　　　　定价：98.00 元

前　言

　　现代旅游经济活动由旅游群体的消费活动、旅游企业经营活动、旅游产业的管理活动组成。由系统论方面研究可以得出，现代旅游经济系统，既是所有旅游经济活动内在联系和运营过程的集合，又动态地反映了整个现代旅游经济活动发展的过程和特点。

　　首先，旅游消费群体通过旅游项目的选择和消费行动，安全、顺利地完成了旅游项目所有旅游活动的消费过程，满足了整个旅游群体在旅游活动中的所有需求，并满意整个旅游项目的消费过程和活动过程。其次，旅游企业通过直接或间接提供的各种旅游服务项目经营活动，安全、有效地保障了旅游群体消费活动的进行和完成。按照现代旅游经济系统企业数理模型的划分，旅游企业的经营服务活动基本由旅行服务经营企业、交通运输经营企业、旅游接待经营企业三个主要部分组成，而这三个主要部分的旅游企业经营活动，保障和完备了整个旅游群体消费、活动过程的顺利进行。最后，国家、地方政府按市场规模、产业发展和经济规律，通过宏观调控、行业法规、行政管理和市场规律等产业管理活动，规范和引导旅游产业的市场秩序、旅游企业和旅游群体的活动行为，并在宏观的旅游法规制定、旅游市场开发、旅游管理信息服务、法律法规的介入和裁定等多个方面，为旅游群体的旅游消费活动和旅游企业的经营服务活动创造和营造出符合经济发展规律的市场和社会环境，从而保证了整个旅游产业顺利有效地进行，实现旅游产业宏观调控和管理目标。

　　随着网络和电子商务的兴起，现代旅游经济与以互联网—电子商务为代表的新兴产业相结合，发展现代旅游经济管理的信息化经营战略，是未来现代旅游经济发展的必由之路。

　　现代旅游经济管理的信息化经营，导入旅游资源和资本项目与互联网电子商务平台B2C经营模式相结合，实现互联网与旅游经济信息化的经营，从而实现优势互补、低成本、高效率、一站式综合性服务的新型电子商务与实体资源信息化经营模式。这是我国旅游经济信息化管理的发展战略，也是未来现代旅游产业创新经济可持续发展战略。

　　本书详细的阐述现代旅游经济管理理论的相关内容，首先介绍了现代旅游经济的理论和创新，然后分析了旅游经济影响与经济效益，之后探讨了现代旅游经济管理的理论与创新研究，最后对旅游经济管理体制与制度以及区域旅游经济活动的组织与管理做了重要的研究和探讨。

　　另外，本书在撰写的过程中参考了一些专家的学术成果，在此对相关作者表示感谢。由于本人水平有限，时间仓促，书中不足之处在所难免，望各位读者、专家不吝赐教。

作　者

2021 年 3 月

目　录

第一章 现代旅游经济的理论研究

第一节 旅游经济发展现状

随着我国经济水平的不断提升，人们的生活条件与生活质量也明显改善，越来越多的人开始学会享受生活，注重生活的优质感，强调生活的劳逸结合，利用假期时间选择到各地旅游。旅游人数的不断增多，有效地推动了我国旅游行业的蓬勃发展，也提升了旅游经济的地位。文章指出在旅游业飞速发展过程中旅游经济呈现出的许多问题，并提出了促进旅游经济发展的相关优化策略。

旅游经济主要包括旅游产业所带来的经济效益，在特定的市场经济环境下产生的相关经济活动。但在我国加入世界贸易组织（WTO）后，国内外的经济市场出现了全新的发展形势，对旅游经济也造成了一定的影响。由于受到诸多大环境因素的影响，目前，我国旅游经济的发展过程中，导致服务质量、保障措施以及促进策略等方面都存在一定问题，给旅游产业的发展带来较大不良影响。因此，改善当前现状，采取有效措施、全面优化旅游经济的发展是现代社会经济发展趋势的基本要求，更是促进旅游产业可持续发展的必然选择。

一、旅游经济的发展现状

（一）服务质量较低

随着旅游产业的飞速发展，各旅游公司之间的竞争也越来越激烈，想要提高公司的综合实力与竞争力，最为关键的就是旅游服务的质量。质量的好坏，直接影响着人们整个旅行途中的心情与感受，关乎着旅游公司的社会形象与大众口碑。相关调查结果显示，目前我国很多旅游公司的服务水准普遍较低，尤其是部分小型的私立民营公司，这些公司对服务质量的重要性没有充分了解，目光比较短浅，没有考虑到公司日后的持续发展；在经营过程中，它们更多关注的是经济效益，严重忽视了提升服务质量，导致旅游公司整体服务水准低下，阻碍了旅游经济的增长。首先，导致这种现象的根本原因是社会市场经济的急速增长，人民生活质量的迅速提升，旅游业开始出现供求关系不平衡的发展趋势，尤其是重要的节假日，著名的景点人山人海、拥挤不堪，很多旅游企业的工作量也相应增大，无暇顾及服务质量。其次，目前我国旅游产业缺乏大量的专业管理人才，很多企业的专业人才缺口较大，满足不了旅游企业的实际需求；出现企业运行过程中各种问题和漏洞；现有人员整体综合素养较低，不能完全适应当前旅游发展形势，也无法为企业制定更加优质的服务体系及运行管理制度，造成很多旅游企业发展进入尴尬期，出现瓶颈，难以进一步提升企业的综合实力。此外，对于国际旅游而言，旅游工作人员的对外业务与语言均不熟悉，不能顺利地为游客办理相关出国手续；导游带团时的语言专业性不强，在外旅游出现沟通障碍；出现所订酒店环境不达标，与旅游介绍上的不符合，严重影响了游客的心情，降低了旅游企业的综合实力与竞争力。

（二）保障手段不足

首先，旅游产业普遍存在管理体系不完善的问题，即使有些企业进行了相应的改革，但效果并不理想，管理体系缺少综合性服务意识，这是导致我国旅游产业质量持续低下的主要原因。很多企业在管理过程中，没有正确稳定的工作流程与秩序，职责也不明确。其次，旅游经济当前现代化智能水平较低，没有充分利用网络技术的优势，更没有完善的旅游电子信息系统，导致公司不能及时、广泛地发布信息。再次，旅游产业的公共体系保障存在一定程度的缺失，很多旅游企业没有重视营销对其发展的重要性，国家对于企业公共设施投资力度较小，使很多旅游景点的公共基础设施建设不完善，不能为游客提供更多便捷优质的服务，影响了游客在旅游过程中的整体感受。最后，相关旅游方面的法律条文不完善，导致旅游企业之间的竞争环境逐渐恶化，发展秩序不稳定，严重影响社会经济整体的稳定健康发展。

（三）缺乏促进策略

目前，各地区政府都已经充分意识到应全面促进旅游经济的增长，国家和社会也给予了一定关注，却没有真正采取科学有效的促进策略。首先，旅游产业在市场中的主体地位不突出，政府在对旅游产业发展进行管理监督时，没有明确管理的最终目的以及自身的职能，更没有合理有效地运用自身的权力。政府往往总是过多干预，旅游企业不能完全自主发挥并体现自身实力，从而限制了其发展，导致旅游企业业务范畴狭窄、产品单调、核心竞争内容模糊等不良问题产生。其次，旅游各地区之间的协调关系较差，主要由于政府的监管力度不强，没有充分发挥自身的积极作用，导致游客在旅行过程中，遇到导游强制买卖的附加性服务。最后，国内旅游产业的整体结构混乱，缺少强有力的竞争体系。我国对旅游产业的保护性较强，政府与企业之间区别不明显，更没有积极引导投资制度与奖励机制，严重限制了旅游企业的发展，不能完全调动企业积极性，久而久之，会让旅游企业失去斗志，弱化其自身的竞争意识。

二、促进旅游经济发展的优化策略

（一）强化市场管理、提高服务水平

想要促进旅游经济的发展，根本任务是要提高旅游服务的整体质量，企业必须充分意识到服务质量对整体旅游产业发展的重要意义。要提高旅游工作人员自身素质，提高思想意识、专业水平、职业素养，为广大游客提供优质的国内外旅游服务。旅游企业要整顿并优化内部员工的综合职业能力，定期组织在职人员参加专业培训，夯实他们的专业理论知识，提高工作的专业性，从而提高服务质量。

（二）坚持以人为本、完善基础设施建设

完善的保障措施对旅游经济的发展至关重要，能起到事半功倍的效果。首先，企业要转变旅游产业传统的管理模式，加强监督管理的力度，从根本上提升旅游服务整体水平。其次，全面完善公共旅游设施建设，投入更多的资金用于各旅游景点基础设施建设。在建设过程中，要充分从游客的角度出发，体现人性化建设特点，为更多游客提供便利服务，提高旅游企业的大众口碑与社会形象地位。最后，政府要净化旅游市场环境，强化旅游有关的法律规章制度，整顿旅游市场出现的混乱现象，为游客提供有力的法律保障，同时也要约束旅游企业及相关联产业的具体行为。

（三）创新产业结构、发展特色旅游项目

应加强旅游产业的特色建设，优化、加强其市场竞争意识与能力。我国地域辽阔、风光秀丽、历史悠久，为我国发展特色旅游产业提供了大量自然条件与先天优势，为其可持续发展奠定了稳固基础。因此，运用发展的眼光看待问题，发展享誉国际化的特色旅游道路，建设全球化的开放旅游景区。旅游产业应确立远大的理想与发展目标，建立科学合理高效的发展计划，让中国的特色文化与得天独厚的自然景观闻名世界，从而更好地促进我国旅游产业开放发展，提升国际地位与影响力。

（四）开展区域合作、实现共同发展

我国旅游经济想要迅速提升，最为有效的关键性途径就是加强各地区之间的合作，构建紧密合作关系，充分将各地的特色旅游资源进行全面整合，强化区域联络。在区域之间的合作过程中，各地区的旅游资源相互学习、相互促进、取长补短，实现资源共享，彻底改善传统旅游存在的地域约束问题；推动区域旅游的通票体制发展，稳定紧密合作，全力研发新颖旅游路线，从而使我国旅游经济更加制度化、系统化、科学化，实现区域旅游共同发展的宏伟目标。

（五）保护自然环境、促进可持续发展

之所以越来越多的人选择旅游、愿意旅游、享受旅游，主要是因为被旅游景区美丽的自然风光所吸引，被祖国的壮丽河山所征服。因此，必须要加强对自然环境的保护，真正

促进并实现旅游产业的可持续发展。在旅游景区增设各种温馨人性化的提示语，比如在草坪中可以设置"别踩我、我怕疼"，在花园景区可以挂上"请不要破坏我美丽的容颜"等，让游客不仅感到有趣，而且也能欣然接受，并有效约束自己的行为。相关景区也应加大环境保护的宣传力度，及时制止游客破坏环境的不良行为，定期对景区做全面的检查与维护。积极开展各种特色绿色旅游生态项目，让游客充分融于大自然中，切身感受到美好的生态家园，自发意识到环境保护的必要性，从而严格规范自己的举动。此外，景区还要严格把控景区的接客量，不要一味地考虑自身经济效益，要结合景区的实际承载量，避免游客过多造成生态环境的压力，减少对环境不利因素的影响。

想要全面促进旅游经济的持续性发展，首先就应充分意识到当前所存在的众多不足，其次提高服务质量、完善保障措施、优化奖励机制以及创新产业结构，从而促进我国旅游经济的稳步增长，实现旅游产业可持续性发展目标。

第二节　旅游经济与生态环境协调发展

旅游业在不同的发展阶段，旅游经济对生态环境的影响呈现出不同的特点。良好的生态环境是旅游经济持续发展的必要条件，旅游经济的发展应遵循经济发展规律，用经济收入创造条件，服务生态环境保护。旅游经济与生态环境二者存在辩证统一的关系。如何实现旅游经济与生态环境的协调发展，可以从开发生态旅游、引导旅游行为、多方协同合作、实现动态平衡等方面采取相应措施。

良好的生态环境是旅游业持续发展的重要基础，旅游业又是资源依托型和环境依托型的产业，二者存在复杂的对立统一的辩证关系。如何在旅游发展过程中协调二者之间的关系，实现旅游业的可持续发展，一直是旅游学界研究的热点。Wall 和 Wright 探讨了旅游对环境影响的概念、研究方法以及旅游活动与环境要素联系及影响机制。Stephen 从土壤、植物、动物、水、噪声等五个自然环境要素研究旅游发展对自然环境产生的影响，认为旅游发展对目的地生态环境同时存在消极和积极两种作用。崔凤军构建了旅游环境承载力的理论模型，并给出了生态环境对旅游产业发展承载能力的定量计算方法。旅游学界对旅游经济与生态环境二者关系的研究既有定性分析也有定量分析，无论用何种方法对二者的关系进行探讨，其根本都会回归旅游经济与生态环境的协调发展。

随着国内大众旅游时代的到来，旅游产业成为不少城市新的经济增长点，甚至在一些城市已成为地方经济的支柱产业，旅游经济对地区经济的贡献度也越来越大。与此同时，旅游经济对生态环境的影响在不同时期亦呈现出不同的特点。

一、旅游经济对生态环境的影响

（一）积极影响

当旅游活动发展至一定规模形成旅游产业，对人们的经济生活产生一系列影响后，大众对赖以生存的环境也有了新的认知。旅游业的蓬勃发展，促使人们对旅游活动所依存的自然环境、社会环境予以更多的关注。生态环境作为自然环境的重要组成部分，因其在旅游环境中独具吸引力，逐渐以整体的概念进入公众视野当中。生态环境是指影响人类生存与发展的水资源、土地资源、生物资源以及气候资源数量与质量的总称，是关系到社会和经济持续发展的复合生态系统。相比较生态环境而言，自然环境的外延较广，各种天然因素的整体均可以视为自然环境。旅游业发展初期，人们从自然环境的认知水平上升至对生态环境的客观认知。基于这个认知转变的视角，可以看出旅游经济对生态环境具有一定的正面积极影响。

（二）消极影响

旅游综合效益包括经济、社会和环境效益。地方政府在大力开发旅游业的过程中容易产生"短视"行为，即只重视旅游业的经济效益，而忽视其社会和环境效益。譬如一味追求门票经济，从而造成旅游景区的环境容量超载，再加以游客素质的参差不齐，旅游规模越大对生态环境的破坏势必也越大。旅游业已不再是发展初期人们眼中的"无烟工业"，地方政府对旅游业的过度开发同样会影响当地的生态平衡和环境质量。国内的旅游业发展至今，这一现象在旅游资源禀赋较高，地方经济水平较落后的地区尤为凸显，地方政府以牺牲生态环境的代价换取了短期的经济利益。由此可见，随着旅游业的深入发展，旅游经济对生态环境产生的消极影响与日俱增且不容忽视。

二、旅游经济与生态环境的辩证关系

在国内旅游业发展的不同时期，旅游经济对生态环境的影响也在发生变化。究其根本，只有深入挖掘二者内在的辩证关系，才能为其协调发展提供主要依据。

（一）良好的生态环境促进旅游经济持续发展

良好的生态环境是旅游经济持续发展的必要条件。作为旅游活动的主体，旅游者更倾向于选择保护完好的生态环境开展相关活动，这是旅游审美和心理安全的根本需求。倘若生态环境被破坏，并未得到及时修复和保护，作为旅游活动的主要媒介，生态环境遭遇破坏势必影响旅游活动的正常开展，进而影响地方旅游业的持续发展。换言之，良好的生态环境更有利于促进旅游经济的可持续发展。

（二）旅游经济发展服务生态环境保护

从经济发展规律来看，发展经济是为了创造更好的条件去保护与人们生活息息相关的环境。同样，旅游经济的发展也遵循这一规律，即旅游经济的发展应服务生态环境保护。

旅游活动的开展是以良好的生态环境为媒介，地方政府通过开发旅游业，合理利用生态环境资源获得相应的经济效益。在经济欠发达地区，当地政府对生态环境保护投入的人力、财力、物力亦有限。当旅游经济成为地方经济新的增长点时，地方政府可利用旅游业的经济创收服务生态环境保护。

通过对旅游经济与生态环境内在关系的梳理，不难发现二者实则是一种辩证统一的关系。良好的生态环境是旅游业发展的根本前提之一，并在较大程度上促进了旅游经济的可持续发展；旅游经济的发展应遵循经济发展规律，最终实现用经济收入创造条件保护生态环境的根本性回归。

三、旅游经济与生态环境协调发展策略

随着大众旅游时代的到来，不少地区在大力开发旅游过程中为了完善配套设施、实现交通便利，出现了对生态环境不同程度的破坏现象。并且在一些地区由于过度开发旅游，一味地追求经济利益而导致旅游景区环境容量长期超载，部分生态环境遭遇毁灭性破坏，且由于资源的不可修复性，也失去了旅游吸引力。结合对二者内在辩证统一关系的梳理，旅游经济与生态环境如何协调发展是行业亟须解决的问题。旅游经济与生态环境的"协调"，主要是指旅游经济与生态环境之间能够保持一种良性循环状态，能够在同一个系统下，相互调节得当，保障两者的共存性。

（一）开发生态旅游，引导旅游行为

当前，国内不少地区借着生态旅游的"旗号"开展旅游活动，实质上仅是借其形式，并未真正实现生态旅游。譬如国家规定自然保护区可以开展生态旅游，但目前的旅游开发很难真正达到生态旅游的高度。生态旅游应该在不干扰自然地域、保护生态环境、降低旅游的负面影响和为当地人口提供有益的社会和经济活动的情况下进行。实际上，在对生态旅游产品认知不到位的情况下，地方政府在自然保护区进行非科学的生态旅游开发，甚至在开发建设过程中对环境造成了一定程度的破坏。

我国的生态旅游开发处于初始阶段，可以通过引导旅游者的消费行为趋向理性。譬如在不破坏生态环境的前提下，在自然保护区内进行摄影、写生、自然探究等活动，充分感悟自然，提高审美层次；并借助新媒体的力量，倡导旅游者多分享此类旅游活动，营造文明理性、具有较高审美层次的旅游氛围。只有开展科学理性的旅游活动，才能对自然生态环境的负面影响降至最小。

（二）多方协同合作，实现动态平衡

业内一些专家强调若要对生态环境进行完全保护，应将旅游开发置于生态环境保护的对立面。以长白山、九寨沟、武夷山等景区为例，它们既是旅游胜地，也是自然保护区，若让旅游从这些自然保护区中完全退出并不现实。解决的思路应是如何在生态环境保护和

旅游经济发展之间寻求平衡点，而非让生态环境保护成为旅游经济发展的"短板"。

为了实现旅游经济与生态环境的动态平衡，应创新旅游景区管理体制。譬如以自然保护区为例，除景区现有的管理部门外，还可以另设立生态环境保护科研机构，邀请业内学者、环保部门的管理人员作为此机构的主要成员，制定自然保护区的环境保护规划，做好方向性引导，确保宏观层面的科学合理。从摄影爱好者、户外旅游者群体中招募资深人员组建志愿者团队，主要负责自然保护区的对外宣传，倡导旅游者提高审美层次，规范旅游行为，形成良好的环境保护氛围。通过景区管理部门、生态环境保护科研机构、志愿者团队三方的协同合作，积极创新管理体制，促使旅游经济与生态环境实现动态平衡。

第三节　旅游经济发展与城镇化进程

在社会经济结构调整不断深化的过程中，城镇化进程贯彻科学发展观战略思想的指导，结合旅游经济的产业特点协同发展，实现可持续发展的经济战略。从旅游经济与城镇化进程的关系出发，分析城镇化进程的推动对旅游经济的宏观意义，探讨城镇化进程与旅游经济协同发展中共同面对的问题及相关问题的可行性解决策略。

随着现代经济的高速发展，我国大力开展城镇化进程。由于进行社会经济结构调整需要面对更多复杂化的问题，因此，城镇化进程在实际实施过程中需解决化解经济矛盾、协调经济发展与自然保护及人文发展等多方面的综合性问题。旅游经济领域与其他经济领域在发展上有着自身的特殊性，在城镇化进程中结合旅游经济协同发展，不仅对城镇化进程产生积极的推动作用，而且对旅游经济自身的发展也产生了较大的积极影响。

一、旅游经济发展与城镇化进程的关系

（一）旅游经济发展对城镇化进程的影响

旅游经济的发展基于旅游产业的宏观经济政策指导。我国旅游事业在融合多年的发展经验与世界先进的旅游管理方法后，提出更适合我国国情的"大旅游"规划。其发展主旨是旅游经济与多领域经济进行融合发展，其中包含金融产业、文化产业、装备制造产业、教育产业以及房地产产业等经济领域。将旅游产业的服务功能向更多领域进行多维度延伸，从而形成立体式的产业交融发展。这种"大旅游"多领域经济协同发展形势，将对城市化进程起到重要的推动作用，并促进区域内经济的产业结构调整、产业运营模式创新。

（二）城镇化进程对旅游经济发展的影响

城镇化进程的推进是综合型的整体经济推进，尤其在基础设施建设方面，如建筑工程领域及城市绿化工程、交通建设、房地产开发等方面。

同时，城镇化进程中伴随着大量的资金流动，政府财政资金与社会资本对区域内的建

设发展起积极的核心推动作用，从而带动区域内第三产业经济的整体发展，为旅游经济发展奠定了良好基础，极大地刺激了区域内人们的旅游消费观念。

二、城镇化进程在旅游经济发展中的作用

（一）居民消费理念拉动旅游经济的内需

在城镇化进程顺利推进后，将极大改善区域内居民的物质生活质量，随之改善人们的精神生活理念。由于经济增长，城镇化居民的人均收入得到显著提升，城镇基础设施、社区绿化等客观物质环境的升级改造和医疗、教育质量的提升使城镇居民将发展的关注点集中于自身的精神生活需求，精神层次的消费也就随之受到重视。城镇居民对旅游项目的内容和旅游的服务质量提出了更高要求，旅游消费观念的逐渐转变对旅游产业的发展起到了根本的推动作用。

（二）宏观资本运作引领旅游经济的发展

旅游经济的可持续发展需要建立在一定的物质环境保障的前提下，政府在城镇化进程的建设中投入大量资金，以完善相关招商引资政策，吸引社会资金投入。这一宏观资本运作，是城镇化进程开展的重要环节。旅游经济在整体的规划部署中可与政府的资本运作有机融合，将旅游经济与城镇化进程同步规划，从而在政府资金流向的带动下实现旅游经济的自身发展。城镇化进程的重点区域，即城镇基础设施建设、交通建设、绿化工程及房地产领域的开发等。城镇化进程为物质经济建设领域的发展及旅游经济的发展提供了必要基础，是推动旅游经济实现理念革新与项目拓展的重要前提。在城镇化进程的整体经济建设带动下，乡村的物质条件与社会人文环境的发展，为旅游经济提供了实现自身发展的良好基础，尤其是政府在自然环保与自然生态建设中的资金投入，给旅游产业的项目开发提供了更广阔的空间，极大地丰富了旅游产业的发展资源。

（三）城镇化进程为旅游经济发展提供了文化资源

城镇化进程加快了区域内的整体经济发展，在城镇物质环境建设的规模与质量实现显著提升的同时，城镇化进程也加快了区域内的精神文明建设。在区域内的文化发展中，具有特色的乡土文化、少数民族文化及历史文化等丰富了旅游经济的发展。一些具有标志性的文化建筑得到了恢复建设，具有鲜明特色的文化内容得到了保护和弘扬，这些文化资源为旅游经济的发展提供了开发项目与发展方向。旅游经济的发展，是在物质条件得到保证的前提下，通过合理有效地开发旅游文化来实现的。文化资源是旅游资源的重要构成部分，在城镇化进程中挖掘和保护乡土特色文化对旅游经济发展有着重要的意义。城镇化进程在文化方面的重塑与建设对旅游经济发展起到了积极作用。

三、影响旅游经济发展与城镇化进程的因素及改善策略

（一）社会结构调整与经济转型

我国经济经过长期发展，现已进入了社会经济结构调整的深化阶段。由于多方面的综合原因，社会经济结构的改革进程比较缓慢。尤其在城乡接合部，以乡村经济为主导的经济结构，导致农业产业主导地位与城镇化进程在土地使用、就业人口、行业转型等方面存在着一定的矛盾。这种社会矛盾是制约城镇化进程与旅游经济发展的首要问题，随着政府相关政策及规划的调整与设计，这种社会矛盾已开始有效解决。城镇化进程与旅游经济发展的增长进度只能跟随政府进行社会结构调整。

旅游经济自身的经济特点决定其在城镇化建设中，可解决实现乡村经济转型的问题。乡村经济转型的难点在于，从业劳动力对非农业产业不了解，生产力水平较低，很难实现新兴产业的发展要求，可能给乡村经济转型带来转型失败、失业人口增长的不利局面。而旅游经济理念以服务性为主，旅游产业也属于服务性产业，技术难点低，依赖对自然资源以及文化资源的利用来实现经济价值。这样的特殊性优势不仅可有效完成经济转型的任务，更适合推动乡村的城镇化进程，而且对乡村经济发展起积极有效的推动作用。

（二）文化发展的影响

城镇化进程的发展不仅是在经济领域向城乡接合部的延伸，同时也是向城乡地区输出城市文化观念。而文化观念的转变是需要一个长期而缓慢的过程，并且需要适应对经济结构的调整。在城镇化进程将多种产业和行业带入城乡地区时，转变了农业产业主导性的地位，丰富了人们的就业渠道；同时，新增就业人口对经济领域和社会领域的观念也随之改变。更丰富复杂的城市文化深入到城乡地区，并在区域内与区域传统文化产生冲突与融合。这种文化层面的矛盾问题对城镇化进程和旅游经济发展产生了重要影响。

在推进城镇化进程过程中，积极推动旅游产业的发展，有利于整体的城镇化进程和社会文明的和谐发展。旅游行业是文化适应性较强的行业，将区域内优秀传统文化保留发展、挖掘文化特色内容是丰富旅游产业资源的有效途径。这不仅减小了城镇化进程而产生的文化冲突，而且对弘扬优秀民族文化、保护历史文化遗产、发展地方乡土特色文化等方面起到了推动作用，对促进社会和谐发展和精神文明建设发挥了积极作用。

（三）经济开发与自然环境生态化

城镇化进程中经济领域的开发与建设，改变了乡村本来具有的自然环境面貌和生态平衡。对乡村原有的自然生态情况与历史古迹，城镇化进程需要在规划中进行科学、合理、系统地设计。落实可持续发展的宏观政策，有效协调乡村的经济生态化建设与文化资源开发。在保证生态环境健康的前提下，生产资源的合理开发以及有效利用，是循环经济的主旨，也是实现人与自然和谐发展的经济原则。乡村自然环境的开发与保护问题，是城镇化进程与旅游经济发展必须着眼解决的长远问题。

地理情况比较复杂的地区，在城镇化进程推进过程中应大力开展基础交通建设，从而保证整体的经济建设。积极发展乡村自然生态环境的保护与旅游产业的结合，利用旅游项目实现乡村的经济增长，并将资金循环到自然环境的保护中，实现科学开发，持续发展经济的目的。

我国经济发展实现了人们物质生活得到基本保障的需求，开展精神文明的建设工作，为旅游经济带来了腾飞的基础。旅游经济建立在一定的物质经济基础之上，同时，也能推动物质经济发展具有特殊性质的经济形势。旅游经济发展与城镇化进程在宏观规划中有机融合，能使两者相互弥补不足，并促进两者协同发展，是我国实现循环经济与经济可持续发展战略的重要途径。

第四节　地区旅游经济相关保障

本节基于当前产业调整、环境保护等发展背景，结合地区旅游产业发展实际，对地区旅游经济发展相关保障措施进行探究。其指出，地区旅游经济的增长能够实现正外部效应的扩大、地区环境的改善以及区域人均收入水平增长等多方面的促进作用，继而综合促进经济的增长。为推进旅游经济的发展，相关部门既要完善旅游产业发展的政策环境，又要完善旅游产业发展基础，同时在完善产业环境的同时推进产业联动发展，实现旅游经济正外部效应的扩大，从而从多个方面为地区旅游经济的发展提供保障。

随着地区文化资源、生态资源的开发与保护，地区旅游经济逐步发展，旅游产业不断建立并显著扩张，推动经济的快速发展，并成为服务业发展中的重点产业。因为旅游经济产业的发展具有附加值高、产业外部性强等特点，在产业发展的过程中，其不仅能够发挥传统产业经济增长的助推作用，实现地区经济的进一步增长；同时还能够带动地区整体商业体系的构建，促进消费产业、交通运输、住宿商旅等协调发展，所以旅游业的可持续发展愈发受到广泛关注。因此，在当前地区发展旅游产业的过程中，相关部门要重点关注旅游资源开发、利用以及附属产业发展的相关保障措施，以推动旅游产业的可持续发展，提升旅游产业对地区经济增长的贡献率。

一、保障地区旅游经济发展的意义

从经济增长的经验来看，发展符合地方特色的产业往往都会对区域内经济增长起到推动作用，并产生一定的正外部效应，带动区域经济、环境的整体发展。而比较来看，旅游经济发展的同时又具备其自身独有的特点，主要表现在对社会人文环境的直接优化作用、正外部性的大范围辐射作用以及带动家庭个体经营发展三个方面。

（一）旅游经济发展优化社会人文环境

由于旅游产业的建设往往建立在地区独有的生态环境或者文化资源的基础上，产业建立的前提是保护完整的生态环境或者完善的人文环境，因此产业本身就具备优化地区生态与人文环境的特点。尤其是基于资源环境所形成的特色旅游产业，对生态资源、风景资源的依赖性高，发展过程中资源的保护与产业的发展高度相关。从产业整个发展阶段来看，产业发展初期，地方首先要对现有的生态及文化资源进行有力保护，保障资源的完整性，并根据产业发展的实际需求，进行有针对性的修正和开发，从而在产业发展之际便开始了生态及人文环境的保护。而在产业发展的过程中，文化旅游、文明出行等概念，又促使地区进一步提升对环境、文化的保护力度，提升城市的文明形象，从而在产业发展的整个过程中又推动了地区生态环境及人文环境的可持续发展。因此从这一点来看不同于其他产业，保障旅游经济的发展往往能够进一步优化社会人文环境。

（二）旅游经济正外部性所带来的大范围辐射作用

现代产业尤其是高科技产业、服务业的发展都会产生一定的正外部效应，包括促进地区相关产业的发展、提升区域内产业生产水平、优化社会环境等。而由于旅游产业的服务业特点，与其相关产业的融合性强，所产生的外部辐射作用也更广，尤其是产业的辐射、就业的带动以及推动居民收入水平等方面表现更为明显。从现有的旅游城市来看，旅游产业的发展带动了商业消费、住宿餐饮、交通运输、工艺品制造等多个产业的联动发展，并为地区招商引资合作开发打下良好的基础。如此，地区在旅游产业发展的前提下，不仅可以建设起完整的商业体系，实现经济的循环持续发展，还可以以此来带动各行各业的就业，提升居民的人均收入，缩小地区收入的差距。因此，从产业发展的实践来看，旅游经济所带来的辐射作用往往具备范围广、影响深等特点，在区域经济发展中应当受到高度关注。

（三）旅游经济带动家庭个体经营的发展

家庭个体经营的发展不仅可以有效解决当前部分就业矛盾，而且还能提高家庭收入，进一步缩小地区贫富差距。在市场经济发展的过程中，不少小规模企业、消费行业都为家庭个体经营的发展提供了优质平台，但随着经济的发展，相关行业经营的门槛不断提高，家庭个体经营的环境越发需要完善。在建设旅游经济的过程中，观光游客的增长使得地区消费市场不断扩大，民宿、农家餐饮业随即发展起来，而这些产业的建设相对来说门槛低、投入成本小，适合家庭式经营。有效发展旅游产业，带动家庭个体经营产业的发展，能够进一步提升地区居民年均收入，促进区域的综合发展。

二、地区旅游经济发展相关保障措施

如前所述，地区旅游经济的发展能够从正外部效应的扩大、地区环境的改善以及区域人均收入水平等多个方面促进区域发展，保障旅游经济的发展不仅对产业自身的建设有显著的意义，而且对地区商业体系的构建、人均收入的提升都有着明显的重要性。因此，在当前区域经济增长的过程中，相关部门应当积极探索旅游经济发展的保障措施，促进旅游产业的可持续增长。

（一）落实产业指导方案，完善旅游产业发展的政策环境

产业发展指导以及子产业政策环境的完善是一个地区产业发展壮大的前提保障。基于基本的产业规划与政策保证，旅游经济的发展才能有明确的方向，旅游产业的进一步扩张才能有明确的保障，继而推动经济的可持续发展，进一步实现正外部效应的扩大。当前，在建设旅游经济的过程中，相关部门首先要落实产业指导方案，明确规划好地区发展的前景，并以政策、制度规章等形式确定，为旅游产业提供切实的前景保障，从而推动区域内旅游资源的进一步开发、已有旅游产业的进一步扩大。

（二）加强生态人文资源的保护，完善旅游产业发展基础

生态环境、人文资源是区域内旅游产业发展的基础，虽然旅游产业发展的前提是完整的生态和人文环境，旅游产业自身的发展也能够有效地推动生态及人文环境的进一步完善，但是在旅游产业以及其他产业发展的过程中，地区生态环境、人文资源也曾经遭受过一定程度的破坏，尤其是一次性过度开发问题造成了不可逆转的破坏；而旅游自身发展过程中管理的疏忽也会造成旅游资源的过度消耗，阻碍旅游产业的可持续发展。因此，在发展旅游经济的过程中，除了完善政策保障以外，还要积极落实管理制度，积极保护现有的生态人文资源，为资源的进一步开发、旅游产业的进一步完善提供基础，保障产业的可持续发展。

（三）推进产业联动发展，实现旅游经济正外部效应的扩大

旅游产业发展可以带来显著的正外部效应，促进商业消费等多方面产业的发展，带动家庭个体经营产业的建设，促进地区人均收入水平的提升。而由于社会信息的不对称，以及市场环境的不完善，使得各地区相关产业发展的水平往往参差不齐，即使在旅游经济高速发展的过程中，由于相关产业发展的滞后，产业之间仍然无法有效地实现对接和融合，旅游产业发展所带来的正外部效应无法得到完整实现。在现有条件下，积极完善金融、信息服务等基础设施建设，为相关产业的建设、发展以及扩大提供商业保障；同时优化政府服务，完善营商环境，才能进一步推动产业的联动发展，构建起地方完整的商业产业体系，实现旅游经济正外部效应的扩大。

本节结合经济发展实际，对地区旅游经济发展的重要意义以及进一步发展旅游经济的相关保障措施进行探究。从探究结果来看，地区旅游经济的增长能够从正外部效应的扩大、地区环境的改善以及区域人均收入水平等多个方面促进区域的综合发展，对地区经济的增长以及商业体系的构建有着显著的现实意义。为了推进旅游经济的发展，相关部门要积极落实产业指导方案，完善旅游产业发展的政策环境；同时要加强生态人文资源的保护，完善旅游产业发展基础；最后在完善产业环境的同时推进产业联动发展，实现旅游经济正外部效应的扩大，从而从多个方面为地区旅游经济的发展提供保障。

第五节　旅游文化传播与旅游经济发展

近些年中国经济发展取得了举世瞩目的成果，同时，中国国内百姓的人均生活水平也显著提升。所以很多人开始热衷于旅游活动，从而促进了旅游业的发展。在旅游经济发展中，旅游文化是不可或缺的元素之一，本节将针对旅游文化传播与旅游经济发展进行研究。

旅游行业近些年已经成为中国社会经济发展的重要组成部分，当前旅游业文化格局具有明显的多样化、多层次特点，而且积极传播旅游文化，可以助推旅游业健康发展，对提高旅游地区的经济收益具有帮助。同时，旅游经济的快速发展也为旅游文化的传播带来了便利。

一、阐述旅游文化的重要价值

旅游已经成为新时代大众消费、降压的一种出行方式，游客会结合旅游地点的旅游景区、旅游文化等选择具体的旅游景点；而具备浓厚旅游文化的旅游地点常常成了游客的首选，旅游文化丰富的地区旅游行业发展状况也相对较好。与此同时，从通过分析国内旅游文化传播范围不断增大的现状来看，社会各界都开始重视文化生活质量，而且旅游文化的传播也有效地传承了优秀的、质朴的中华民族文化，对国民深度发掘、学习中国传统历史文化具有帮助。通过丰富旅游文化表现形式，一方面可以愉悦民众，另一方面还能提高大众生活的趣味性。

进入二十一世纪后，知识文化的作用备受国人关注，我国开始重视人文素质教育与人文素质的提升。积极地传播旅游文化，不仅可以使旅游文化的价值观念、物质成果与社会关系等方面的作用得到保障，还有助于人类重新对世界进行认知、改造。旅游文化是一种特殊的文化形式，它不是旅游和文化的简单相加，而是一种全新的文化形态，它作用于旅游全过程，主要表现在旅游者、旅游景观、旅游设施、旅游服务、旅游意识、旅游活动及其精神产品、旅游业、旅游管理以及社会效益、经济效益和环境效益等方面。旅游文化在旅游行业中是宣传工作的重点内容之一，可以维护旅游经济的可持续健康发展。受"一带一路"等影响，中国与世界各国间的交流频率不断增加，大量的外国游客受到国内旅游胜地的吸引慕名而来。所以，积极宣传旅游文化也有助于提高中国旅游行业的国际竞争力。

二、针对旅游文化和旅游经济发展关系的研究

（一）旅游文化传播有效推动了旅游经济的发展

首先，传播旅游文化不仅使旅游业经营管理能力得到改善，而且还提高了旅游经济效益。积极传播旅游文化促进了旅游业经济的健康发展，同时也需要旅游业工作人员具备更

高的工作能力。在新时期，旅游业员工要掌握旅游市场变化规律及文化发展规律，要杜绝盲目性活动现象，降低无功性工作频率。同时，旅游业经营管理水平受旅游文化快速传播等影响得到了有效改善，对增加旅游业经济收益具有帮助。

其次，做好旅游业产业结构调整，科学配置旅游资源。我国旅游业发展时间晚，但却具有广阔的发展前景。因为旅游业产业结构、资源配置具有独特的导向性特点，所以其他的产业无法和旅游业展开对比。经研究发现，凡是具有较高国际化程度的旅游城市，其第三产业生产总值通常要比所在国国内生产总值比重大。近些年，我国经济发展速度较快，促使旅游经济快速发展，并对大众的消费理念、行为产生了影响，从而改变了传统的消费观念、社会需求，引发了重新配置社会资源的现象，促使旅游产业结构发生了调整，加快了科学配置旅游资源的步伐。同时，旅游业的快速发展也促使建筑业、服务业迎来了全新的发展机遇，并引起了重新配置劳动力、土地资源等新浪潮。

再次，为社会发展提供了更多就业岗位。旅游业经济具有较强的综合型，同时促进了新时代服务业的健康发展与改革。比如，旅游业的兴起为诸多行业提供了大量的就业新岗位。经过研究发现，旅游业属于劳动密集型产业，所以在发展中依赖大量的人力资源；同时，旅游业又具有跨行业、跨区域的现代系统经济特点，和交通业、餐饮业等关系紧密。所以，为了满足旅游业快速兴起的需求，相关行业开始扩大经营规模，因此便增加了就业机会。

最后，提高了国际交流频率，有助于开拓世界视野。积极推动旅游业健康发展，可以吸引更多的国外友人进入中国，增加国际经济交往频率，提高中国经济的发展速度与科技水平。其原因是世界各国的国家经济发展中旅游业的作用都是无法取代的，常见的国际会议旅游、商务旅游活动等，均加强了国家间的政经交流力度，改善了经济信息的传递效果，使各国企业在经营决策的制定中获得了有力的数据支持。

（二）旅游文化在旅游经济发展中受到的影响

首先，旅游物态文化在旅游经济发展的影响下得到了有效传播。积极地发展旅游经济，使各地区的人民开始主动发掘民族文化内容，并研究、制作出了大量具有本地区民族特色的旅游文化专属产品，通过积极地推销、售卖具有地区、民族文化特色的产品，不仅可以传播民族文化，还增加了当地的旅游收益；同时，也有利于游客对各地区旅游特色文化有一个深入的了解，对传播旅游物态文化具有积极影响，还有效地增强了民族认同感。积极地发展旅游经济，还可以增加各地物态文化交流频率与彼此间的认同感；吸引游客亲身体验各地不同的民族文化、了解不同地区的民俗文化内容；另外，游客在旅游中携带的所在地文化，会和旅游地文化产生激烈的碰撞、交流，这样有助于各地区物态文化表现形式的多样化发展，对促进文化进步、丰富文化内容具有积极影响。

其次，社会实践中的人类可以借助制度文化完成社会行为规范的制定。积极地发展旅游经济，提高了制度文化建设的规范性，有助于发掘、弘扬、传播、复兴优秀的民族文化，有助于各地区不同的游客体验其他地区的优秀文化；同时，在文化体验阶段，游客会将认同的优秀文化信息反馈给旅游业，而旅游业则可以通过开发优秀文化的方式弘扬、传承地区优秀文化。

最后，人类在交往的过程中逐渐地形成了以民俗、民风等形态展现的行为文化。积极地发展旅游经济，有助于凸显、宣传民族文化特色，促使各旅游地区实现了文化的多元化发展。在发展旅游经济的过程中，行为文化属于旅游资源中具有较高利用价值的一种资源，诸多游客之所以会选择某些旅游地进行旅游，完全是因为受到了当地民俗特色、民俗习惯的吸引。所以，在发展旅游经济的过程中，必须凸显当地民族文化特色。因为传播文化时存在双向性特点，所以携带不同文化地区旅游的游客，也会将诸多先进思想带入旅游地，这样有助于优秀文化间的交流，加快了文化的发展、进步，对发展滞后地区文化生活水平的改善具有帮助。

三、以传播旅游文化为基础，推动旅游经济健康发展的对策

宣传旅游信息，加快传播旅游文化；增加旅游景点文化内涵，强化旅游景点吸引效果。中国文化博大精深、源远流长，经过五千余年的发展，旅游成了传播历史文化的重要载体，具有较大的使用价值。传播旅游文化的过程中，必须做好宣传旅游信息的相关工作；只有提高宣传旅游信息的效果，才能推动旅游业经济健康发展、改善传播传统文化的效果。旅游活动组织期间，旅游文化可以借助特殊意义、符号的旅游信息进行展现，从而达到互相传播信息的目的；而且，在信息传播期间因为信息具有的文化、社会含义十分丰富，所以加快了传播信息的速度。与此同时，如果宣传的旅游文化在旅游业发展中出现了偏差，就无法将其代表的含义准确地表达出来，就会使游客在理解旅游文化时出现偏差，导致无法满足游客获取信息的实际需求。因为游客需求未被满足，所以游客就会产生失望情绪，进而使旅游文化的传播与经济的发展遭受负面影响。另外，各地政府部门应联手旅游企业做好旅游信息交流平台的建设，要重视旅游信息的传播效果，要利用旅游信息吸引、服务游客，这样才能有效传播旅游文化、促进旅游经济健康发展。

做好旅游动能的科学定位，积极创建"旅游文化＋旅游产业"的产业经济发展新模式。做好旅游功能定位工作，将保证旅游业发展方向的科学性、合理性，有助于旅游业将潜在优势彻底发挥出来，对提高不同旅游地区的竞争实力具有帮助。因此，旅游业在发展中要重视特色发展，要加速旅游产业的多样化、特色化、个性化建设，实现旅游业的可持续发展目标。同时，要做好长远发展目标、发展战略、发展定位的确定，要不断地提高当地旅游产业的名气，要积极地对本地区产业资源进行整合、设计符合本地区发展的旅游项目；另外，还要研发具有本地区特色的旅游产品，要结合市场发展状况，完成"旅游文化＋旅游产业"的产业经济发展新模式创建。

积极利用大数据资源，打造"互联网＋文化＋旅游"的产业发展路径。积极地发展旅游业，可以更好地宣传旅游文化、满足人类对美好生活向往的需求，还能促进旅游地当地的经济发展。因为二十一世纪是互联网与大数据的时代，所以，旅游业应积极地融合互联

网技术、大数据资源，实现共同发展。因此，旅游业要积极地引入大数据技术，主动开发人工智能设备，加强融合"互联网＋旅游业"产业的效果，提高大数据资源的利用效率，才能为旅游业的发展提供强劲的创新驱动力。

综上所述，积极的传播旅游文化有助于促进旅游经济的可持续健康发展，而旅游经济实现可持续健康发展后可以吸引更多的游客到各旅游地旅游，有助于旅游文化之间的交流、碰撞、进步。所以旅游文化与旅游经济在相互作用、影响下实现了共同发展。

第六节　绿色旅游经济

旅游经济是一种综合性的服务行业，也是一个相对独立的经济产业。旅游经济是以旅游活动为前提，以商品经济为基础的经济。旅游业是既有经济性又有文化性的服务行业，旅游产业结构是影响旅游经济的关键因素，旅游经济会随着经济的不断发展而不断发展。而随着"绿色旅游经济"的倡导，旅游业便越来越受重视。

随着我国可持续发展战略的实施，旅游业积极响应开展绿色旅游经济，这既是旅游业健康发展的必然选择，也是我国可持续发展的必经之路。在自然景观和人文景观开发的过程中应注意集约经营与因地制宜管理，在突出特色的同时注意环境保护。在旅游产业链的发展中，绿色已成主题，形成了绿色餐饮、绿色交通、绿色产品及绿色景区的一条龙式发展。在经济学的指导下它们均向着更远之路前进。

一、实施绿色旅游的重要意义

实施绿色旅游是我国旅游业健康发展的必然选择。旅游业是对以环境为依托的旅游资源进行综合开发的产业，保持优良的生态环境和人文环境是旅游业得以生存和发展的根基。然而，我国在过去几十年的旅游发展中，一味地追求经济效益而忽略了社会效益，在不同程度上造成了对环境的破坏，如水土流失、生态破坏、文物古迹的损坏等。提倡绿色可持续的旅游发展方式，取消资源消耗大、环境污染重的传统产业，将促使中国旅游经济向着生态健康的发展之路迈进，进而防止旅游业之路越走越窄；实施绿色旅游是我国经济可持续发展的必经之路。旅游业是综合性的服务产业，它以自身综合性的特点对当地经济产生连带作用，而且在第三产业中以其核心地位领导其他各领域的发展。因此，旅游业的绿色持续发展推动着第三产业的协调持续发展，引导第三产业向着前沿领域进发。旅游业与环境资源联系非常密切，而资源环境是经济发展的基础，绿色旅游经济产生的环境效益不断地促进我国可持续发展战略的顺利进行。

二、绿色旅游的特点

一是可持续性。绿色旅游资源的可持续性不仅体现在对自然资源的开发上，而且体现在旅游产品的生产和旅游区的产业链运营上。它要求旅游业的未来发展过程中，做到与自然、社会、经济、文化等多方面相协调，实现旅游业的经济效益、社会效益和环境效益。二是清洁低耗可循环。旅游业凭借其带动作用，将餐饮、住宿、交通、旅游、购物、娱乐有机地结合在一起。绿色旅游强调各个环节都要注意清洁生产、低排放、开发利用新能源。这样不仅能够做到对旅游自然资源的节约，而且能够提高保护环境的自我净化能力。三是绿色消费理念。绿色旅游的发展需要政府和开发商的努力，也需要消费者、旅游者的积极配合。消费者参与了旅游产业的各个环节，他们是旅游经济运行的基本力量，他们的消费理念直接影响着旅游经济绿色化程度。所以说，发展旅游经济需积极倡导消费者转变传统的消费观念，在追求高质量生活的同时，注意对环境的保护和资源的节约，逐步形成绿色的消费方式和生活方式。在旅游的过程中，减少对生态资源的污染和自然景观的破坏，同时提倡适度、合理、健康消费，这在物质与精神消费中应皆有体现。

三、旅游开发中的绿色经济

（一）人文景观开发中的绿色经济

一是古迹保护与生态经营。古迹遗址等旅游区以其固有的魅力吸引着游客，但是古迹在开发的过程中如果不注意与周边环境的协调，那么它在游客心中将逐渐丧失其价值。因此，古迹的维护和开发应运用高科技手段，减少不必要的环境破坏，避免盲目和过度开发，保护其地域特色。在经营过程中，经营者应引进高效环境管理技术，使旅游区的环保工作向规范化和效益化方向转变。古迹可修复但不可重建，重建的古迹不仅降低了本身的文化价值，而且很容易造成与周边景观的不协调。二是古镇建设与特色旅游。中国的古镇以特色著称，它具有悠久的历史、深厚的文化底蕴和乡土风情。特色是小镇的建设与开发的有效切入点，旅游环境与旅游活动的结合将给予旅游者更好的精神享受和审美实践。古镇需充分利用其"古"其"旧"，以原生态促进旅游的持续发展。但这一切必须在保护环境的前提下开展，建立科学合理的环保规划将更有利于古镇特色文化的宣传和我国的生态旅游建设。

（二）自然景观开发中的绿色经济

一是避免盲目，集约环保开发。在旅游开发中粗放式的开发造成了许多不可再生的自然景观的破坏，而过度的人为建设造成景区内景观的不协调以及生态环境系统的失调，很多景区也产生了环境污染严重的现象。旅游区经开发后，经营者应根据环境容量合理控制游客数量，避免人口集中对生态景观产生负面影响，让自然景观不失自然本色。二是因地制宜，综合开发。我国山地景观丰富，山地呈现出非常明显的垂直结构，它的植被随着海拔的变化而发生变化。这种独特的自然景观是旅游中的亮点，开发商应充分利用山地的气候、物种的阶梯变化发展特色旅游业，同时注意对清新空气和繁茂植被的保护，防止其脆弱性引发的生态失衡，保护生物多样性。水是地表最活跃的因素，水域景区的开发也是生态建设绿色旅游的重点，我国水资源总量丰富，有海洋、湖泊、江河、瀑布、湿地等。水域景观旅游开发对环境的要求很高，因此，开发过程中应注意提高和保持水体质量，利用周边环境如青山、水生植被等提高水体的优美度，同时合理控制游客数量，万不可超出环境容量，要以清洁优美的环境吸引游客。

（三）产业链发展中的绿色经济

一是绿色餐饮。绿色餐饮是指在旅游发展中与绿色旅游相协调的生态环保的餐饮行业，它以高效的能源管理和较低的资源消耗对环境进行有效的保护，提供节能环保的绿色产品，以保障消费者的健康。二是绿色交通。旅游中的绿色交通不仅包括路运交通方式，还包括水上交通方式和空中交通方式。它们以旅游游览车、游艇和空中缆车为代表。这些交通工具必须秉承低碳环保高效低耗的原则，尽量减少对景观的影响。三是绿色旅游产品。旅游产品的打造既要体现地域特色又要增强实用性，更重要的是不以牺牲当地生物多样性为代价，也不要造成对当地环境的破坏。而要降低资源消耗率，提倡手工生产，体现人文文化，以健康安全打造品牌。

综上所述，在发展绿色旅游的过程中，其他产业也相应地实现了循环与再利用的发展方式，极大地保护了生态资源，使得我国旅游业将朝着健康、可持续的方向不断发展。

第七节　园林旅游经济发展思考

园林旅游是旅游产业的重要组成部分，有着融合性强、可塑性高、适应范围广泛等特点。要推动园林旅游经济发展，首先需要做好园林规划工作，在空间上做好布局；其次要构建对游客具有吸引力的园林景观，增强重复游览价值与初游影响力；再次要提升园林文化内涵，夯实园林消费基础；另外要注重文化产业与旅游产业融合发展，提升园林旅游产业软实力；最后要发展优质园林旅游经济体系，提升旅游产业发展的可持续性。

旅游经济具有环保效益好、带动乘数大、就业机会多和综合收益高等特点，深度挖掘园林旅游资源，可以为发展园林旅游经济奠定物质基础。近几年，公园、动物园和植物园等园林旅游发展迅速，园林旅游服务质量稳中有升，园林旅游市场高速增长，形成新时代以游客为中心、以品质为导向的园林旅游发展新理念。园林旅游促进了园林经济的发展，而园林经济则予以了园林旅游很大程度的支持与培育。

一、把握好规划设计龙头

设计师的匠心独运和园林工人的精雕细琢，形成了独特的园林景观。做好园林景点、景区等的旅游规划，首先要有一个良好的空间布局、一条良好的旅游路线，在旅游路线上要有一系列旅游景点。旅游景点的规划要有特色、有个性、有吸引力、有艺术感，要能够形成可观赏、可体验、可消费、可休闲的旅游效果。此外，还要以人为本，规划好各项旅游基础设施，充分满足人们的各种需求。如规划好纪念品销售点、文创产品店等经营网点，以经营网点为载体实现销售收入的增加。

二、打造有吸引力的园林景观

园林旅游的重点之一是规划建设一流的园林景观，以园林景观吸引游客的关注，这是园林旅游成功的关键之一。没有优秀的园林景观作支撑就很难有回头客。在规划中要注重园林小品、喷泉、彩叶植物和造型植物等的应用，从而构建有吸引力的园林景观。园林景观的构建一定要独具特色、比例适宜，既要考虑生态也要考虑景观效果和艺术效果，同时还要通过建设和管理来维护园林景观。只有做到规划、建设和管理的同步进行，才能塑造整体、系统、全面的园林景观。此外，还要依托自然景观资源和人文景观资源，打造具有艺术价值、历史价值、科学价值和观赏价值的园林植物、建筑、小品等，吸引游客的目光，增加园林景点的吸引力，通过旅游创新，充分发挥旅游对消费的拉动作用及其对园林经济的促进作用。

三、提升品质，增加内涵

最大限度地释放园林旅游的增长潜力，能够更好地发挥园林旅游在促进单位、区域经济增长、文旅融合和社会发展中的积极作用。在园林景点中，为游客提供更好的旅游公共服务和各项旅游便利化措施，从而提升游客出行品质，为游客提供更好的旅游体验，进而提高园林景区的吸引力。从园林旅游供需的两端入手，整合其上下游渠道，打造完整的园林旅游产业链。通过发展城乡园林旅游，不仅可以更好地促进地方经济的增长和发展，还可以促进就业、消除贫困。通过发展园林旅游复兴园林经济，逐步实现从观光型园林旅游向休闲度假型园林旅游的升级转变，满足游客的休闲度假和文化娱乐等精神消费，进一步释放园林旅游经济的活力。

四、文旅融合发展

在园林旅游产品中持续渗透文化理念，尤其是渗透生态文化理念，让消费者在消费产品的同时了解、认识园林文化和生态文化，以达到滴水穿石的目的。在园林旅游品牌中丰富其文化内涵，采取文化创意等手法，在增强品牌个性化竞争优势的同时传播文化生态和生态文化，充分发挥文化对园林旅游产业的作用。让文化与园林旅游经济发展同步，并成为园林经济发展的先导，从而发挥文化在园林旅游经济发展中的创造作用和动能作用。尤其要让生态经济文化成为主流，用生态经济文化全面引领园林经济健康发展，在顺应新时代潮流的情况下大力实施生态战略，引领园林生态经济的成功发展。发挥生态经济文化的潜移默化、渗透、桥梁、导向、转化和传播等作用，形成健康的园林旅游经济运行机制，优化园林经济结构，从而实现三大效益的共赢。

五、发展高质量园林旅游经济，创新发展可持续旅游

拥有高质量的旅游资源是园林旅游成功的关键，因此要依托于旅游资源进行科学的预测和评估。通过科学的评价判定旅游资源的价值，并将其作为旅游规划的依据，确定开发规模、吸引方向和规划建设的档次。要通过分析预测市场需求、分析宏观经济社会条件、测定旅游承载力（主要测定物质环境承载力、旅游设施用地的承载力、社会承载力和生态环境承载力等）、调查统计野生动植物保护资源。并对项目开发的微观条件等进行可行性研究工作，将可行性研究的结果作为规划设计的前提。将园林与旅游进行有机融合，增加鲜明的旅游体验和专业化经营，给游客提供高质量的旅游体验服务，让游客体验快乐、体验教育、体验审美、体验一流环境、体验生命的意义、体验生态、体验文化，从而增强企业核心竞争力。旅游规划要体现特色，充分运用可持续发展理念，规划消费和生产的个性化体验，使游客的心理需求和生理需求同时得到满足，避免同质化经营。在保护自然环境和生物多样性的前提下开展旅游工作，要做到保护优先，使自然资产和文化资产持久存在，实现生态与经济的协调发展，坚决杜绝对自然资源实施掠夺性开发现象发生。大力发展循环经济，搞生态旅游。园林旅游需要营造良好的旅游文化氛围，深入挖掘旅游文化内涵，使其符合新时代文化旅游融合发展的要求；要依托中华传统文化，通过文化碰撞、文化借鉴、文化吸收形成具有较强生命力和吸引力的旅游新文化，从而增强园林旅游的经济竞争力。挖掘园林深刻内涵、规划文化性生态旅游、科普型生态旅游、自然保护型生态旅游和生活型生态旅游等不同类型的生态旅游。力求旅游体验主题化，因为有主题才能有体验，主题是体验的基础。实施差异化设计策略，做到人无我有、人有我精、人精我特，通过提高游客参与性来增强游客体验。园林旅游需要对经营模式、规划设计、产品等进行不断的创新，以此来保持长期的吸引力，只有做到不间断地创新，才能实现可持续旅游。

第二章 现代旅游经济的创新研究

第一节 欠发达地区旅游经济发展

很多欠发达地区都拥有丰富的旅游资源，不过由于各种历史以及现实原因，这些资源并没有得到较好的开发利用。欠发达地区旅游经济发展落后，这对于欠发达地区的发展是一个不利因素。本节对欠发达地区发展旅游经济的重要动因进行了多方面的探讨，在对制约欠发达地区旅游经济发展路径进行一一分析的基础之上，对这一地区旅游经济发展路径进行了阐述，以及给欠发达地区更好地发展旅游经济指明路径。

随着居民生活水平的不断提升，目前我国已经进入了全民旅游时代，旅游成了人们重要的休闲生活方式之一，由此带来旅游产业的兴旺发达。在居民旅游需求强劲、旅游产业持续高速发展的背景下，各个地区都在大力发展旅游产业，希望以旅游产业发展为重要抓手，实现地区经济社会的更好发展。对于拥有丰富旅游资源的欠发达地区来说，需要高度重视旅游经济的发展，结合地区的实际情况，选择科学合理的旅游经济发展路径，从而推动旅游地区旅游经济的发展壮大。

一、欠发达地区旅游经济发展动因

对于欠发达地区来说，大力发展旅游经济的动因可以归纳为经济发展、增加收入以及改善环境等几方面，具体阐述如下。

（一）发展地区经济

当前以及未来很长一段时间内，经济发展是欠发达地区第一要务，旅游经济的发展对于欠发达地区来说无疑是一支重要力量。欠发达地区普遍经济落后、经济实力不强，经济结构不够合理。在这种情况之下，大力发展旅游经济，可以给地区经济注入更多活力，实现地区经济的更好发展。

（二）改善地区环境

旅游经济的发展对于欠发达地区环境的改善来说意义重大，当前欠发达地区无论是硬件环境还是软件环境都存在比较多的问题，可以说与发达地区相比，环境方面存在较多问题。基于这种情况，大力发展旅游经济，基础设施会逐步完善，硬件环境会不断改进，在软件环境方面，这可以提升欠发达地区居民的素质、文化水平等。

（三）提升收入水平

欠发达地区居民平均收入水平比较低、就业岗位比较少、居民收入来源比较单一。通过大力发展旅游经济，可以创造更多的就业，让居民在家门口获得更多的收入，全面提升居民的收入水平。旅游产业本身是一个劳动密集型的服务行业，创造就业的能力很强，旅游经济的发展将会带来地区衣食住行等一系列相关产业的发展，这自然会带来更多的就业机会，从而让民众有更多的机会获得更多的收入。

二、欠发达地区旅游经济发展瓶颈

目前欠发达地区都在努力发展旅游经济，不过调查发现，很多欠发达地区旅游经济发展面临着诸多瓶颈，这大大限制了旅游经济的发展速度以及质量。

（一）基础设施落后

欠发达地区发展旅游经济最大的瓶颈就是基础设施落后，如交通、景区建设、酒店餐饮等，这些方面的落后导致了旅游经济发展潜力不足。毕竟对于旅游者来说，衣食住行是最基本的需求，如果在这方面比较落后，自然就会导致旅游经济发展受阻。欠发达地区往往地处偏远，虽然有很好的旅游资源，但是因为基础设施落后，却难以吸引到大量的游客。举例而言，欠发达地区交通不便，游客到这里需要花费大量的时间、精力，这种情况下，游客不愿意前来旅游，从而影响地区旅游经济的发展。

（二）营销推广不足

欠发达地区旅游经济发展的另一个瓶颈在于营销推广不足，但正所谓"好酒也怕巷子深"，很多欠发达地区虽然有丰富的旅游资源，且很多旅游资源都是独一无二的，但是就因为不为人知，故难以吸引到大量的游客。出现这种情况的原因在于欠发达地区在旅游资源的营销推广不足，没有制订良好的营销推广方案，没有在营销推广方面投入大量的资金，从而导致了欠发达地区的旅游资源知名度不高。知道的人越少，欠发达地区游客吸引力也就差，从而导致了旅游经济的发展不如人意。

（三）市场秩序不够规范

良好的旅游市场秩序可以提升游客满意度，规范引导旅游经济的更好发展，反之则会成为旅游经济发展的主要阻碍。欠发达地区旅游市场秩序不够规范，旅游市场还不够成熟，各种欺客宰客事情屡屡出现。这危害到了旅游市场的良好秩序，给旅游经济的健康发展带来了隐患。欠发达地区对于旅游市场的规范重视不足，面对旅游领域发生的各种问题，并没有去制定非常有效的监管机制，从而导致了市场秩序的不够规范。

三、欠发达地区旅游经济发展路径

欠发达地区需要高度重视旅游经济的发展，重点做好以下三个方面的基础性工作来推动旅游经济的健康发展。

（一）改进基础设施

欠发达地区要实现旅游经济的良好发展，关键之举就是要从基础设施的改善着手，想方设法筹集资金来推动地区基础设施建设，构建完善的设施，让游客在衣食住行等方面都有一个良好的体验，从而实现旅游经济的更好发展。在基础设施建设方面，关键就是要筹集资金，欠发达地区一方面在财政支出方面向交通基础建设进行适度倾斜，另一方面则是要积极争取上级补贴；还有就是"政府搭台、企业唱戏"，推出一些优质的基础设施建设项目，吸引社会资本的进入，从而解决基础设施建设资金不足的问题。

（二）注重营销推广

欠发达地区在大力发展旅游经济的时候，需要注重营销推广工作的开展，充分意识到营销推广的重要性。欠发达地区要与专业的营销推广机构展开合作，对于本地区的旅游资源特点、体验等进行充分的提炼，制作旅游形象的宣传片，投放到电视台、新媒体上进行宣传。同时欠发达地区还要根据本地区的旅游资源，开发一些节庆活动，坚持"引进来"与"走出去"相结合的路径进行营销推广，从而提升地区旅游的知名度，吸引到更多的游客。

（三）规范旅游市场秩序

欠发达地区需要注重规范旅游市场秩序，打造一个公平、和谐的旅游市场环境，让每一个游客都有一个很好的体验，这样才能够提升游客的口碑，实现游客回头率的提高。在市场秩序规范层面，重点是要出台旅游市场规范政策，对于各种欺客宰客行为进行严厉打击，从而实现良好的旅游市场秩序。

总而言之，欠发达地区需要集中资源进行旅游资源的开发，大力发展旅游经济，正视旅游经济发展中面临的瓶颈，并制定切实有效的应对策略，从而实现本地区旅游经济更好的发展。

第二节　旅游经济持续发展的策略

旅游业已经成为国民经济的重要组成部分，旅游经济的持续发展，对我国经济增长、生态环境的保护有着非常重要的意义。随着经济形势的发展，未来旅游行业要想持续稳定地发展，必须从质量、结构、效益等多方面进行转型升级。一方面，旅游经济可以带动社会经济的整体发展。首先，从旅游经济自身的作用可以看出，旅游经济可以带动地区经济的发展。旅游业的综合性非常强，将吃、住、行、娱乐结合在一起，带动了当地饮食、交通、商业、保险等多个行业的发展。因此，在旅游业发展较为先进的地区，会形成一系列的商业街、酒店等，这充分展现出旅游业自身的连锁效应，大力促进了当地经济的发展。其次，旅游业的发展可以大大促进就业机会的提升。旅游业可以向社会提供就业岗位，尤其是根据国际计算惯例可以看出，旅游业中直接就业人员与间接就业人员的比例达到了 1：5，为整个社会的发展提供了非常多的就业机会。

另一方面，旅游业的发展与保护生态环境息息相关。旅游业的可持续发展可以在进行旅游开发时不破坏现有的旅游资源，并且对当地的自然资源进行合理的利用，达到社会、经济、环境的协调发展。旅游与环境之间是密不可分的，旅游业必须要在保护环境的基础上对景区进行合理的开发，从而使整个旅游景区内形成良好的生态环境，在满足人们日常旅游需求的同时，也可以达到生态环境保护的目的。旅游经济的可持续发展的前提条件必须是进行合理的规划和开发，重点进行环境以及资源的保护。旅游经济可持续发展既要满足人们的休闲旅游多样化需求，同时又要强化生态环境的保护，最终达成可持续发展的目的。

一、旅游经济可持续发展存在的问题

第一，认知不足。旅游经济在开发和发展的过程中并没有足够重视环境的保护以及资源的合理利用。部分旅游区内存在着过度开发以及浪费资源的问题，尤其是在旅游旺季，城市的待客能力低，出现了大量的供应不足以及资源过分应用的情况，破坏了当地旅游资源可持续发展的目的。同时，从旅游产业的发展情况可以看出，对于环境的破坏是非常大的，当地的土壤、空气、水资源都受到了较大的威胁，同时在环境方面的破坏具有渐进性、积累性，最终产生的结果也具有突发性、间接性的特征。我国的自然生态环境相对脆弱，环境的调节能力较差、资源分配不佳、受到自然灾害影响较重，导致了这些旅游资源在开发经营中受到了较大的破坏。同时由于一些人为因素的影响，在旅游经济发展中一味地追求经济利益，出现了盲目开发的情况，这对当地的环境资源也产生了较大的破坏。从可持续发展的角度来看，旅游产业是资源导向型的产业，十分依赖自然、文化以及历史遗产，不能过多地进行投入，也必须要避免过度开发。但是，在我国长期经济发展中并没有认识到这一问题，导致我国的旅游开发活动存在着严重的破坏环境行为。

第二，统筹发展体系不完善。地区旅游经济的发展必须要在当地旅游资源利用的基础上进行，这就要求城乡自然资源的结合。但是从我国旅游经济发展过程中可以看出，城乡统筹发展体系并不完善，导致了当地的旅游经济发展十分不均衡。在一些旅游资源丰富的地区，旅游开发活动则十分频繁，尤其是一些农村的自然风光作为旅游资源进行开发，获得了一大批招商引资，而一些地区旅游资源相对匮乏，当地的旅游经济发展受到了制约。这种不均衡的发展体系对于旅游资源的可持续发展是非常不利的。旅游作为新兴产业对于经济发展发挥着非常重要的作用，只有在城乡统筹发展体系规划的基础上，才能够促进旅游经济的长期发展。

第三，循环发展理念不足。旅游经济的可持续发展必须要在循环理念的基础上进行，尤其是促进资源利用率的提升。循环经济发展可以使经济与环境发展得到共赢，解决两者之间存在的矛盾，使旅游经济达到可持续发展的目的。因此，必须要重视循环经济的发展，解决旅游业发展中所带来的不足，并且从根本上解决环境污染的问题。但是当前我国对于旅游业的发展存在着认知不全面的问题，忽视了循环发展理念，在旅游经济发展中，循环发展理念的执行力明显不足。为了保证旅游经济的可持续发展，必须使环境资源之间达到可循环的状态，并且提高对于可循环发展理念的认知，从而能够在旅游活动开展中得到充分的应用。

第四，旅游生态的承载力较低。随着人们生活水平的不断提高，休闲旅游消费的需求不断攀升，旅游行业的发展迎来了较大的发展。但是旅游生态自身有着一定的承载力，必须要在一定生活水平下，保障旅游结构以及旅游功能能够维持旅游经济的可持续发展。近年来我国旅游人数不断增加，但是各个城市并没有认识到旅游生态承载能力限制的问题，同时也没有采取相应的措施来使旅游的承载力得到提升，这就导致了当地的生态环境被破坏，尤其是垃圾承载能力和土壤承载能力达到顶峰时，当地出现了严重的土壤破坏、垃圾成堆的问题。

第五，低碳环保的理念执行不足。近年来，在经济发展中环境逐步与经济发展趋为同级，尤其是在全国环境逐步恶化的情况下必须要减少能源的消耗，减少污染物的排放，大力促进低碳经济的发展。在旅游经济持续发展中为了减少污染物的排放，必须要实现旅游生产的低碳化。比如在一些景区、景点、酒店生产经营过程中必须要使用节能材料，达到节能环保的目的，促使资源的高效利用。但是纵观整体旅游业的发展，仍然没有对低碳理念进行充分认知，导致在发展中忽视了对环境的保护，限制了旅游经济的可持续发展。

二、旅游经济可持续发展的对策

第一，重视理念的革新。经济理念发展的改变对于我国生态环境的保护有着非常重要的意义，在传统的理念中认为旅游业的发展属于新兴产业，但是在我国旅游业发展过程中，由于粗放式的管理模式给整个生态环境带来了巨大的负面作用，因此必须要转变旅游经济的发展理念，从消费观念、消费结构、消费模式等多个方面做出改变，促使经济发展与生态环保结合在一起，建立可持续发展的控制体系。

第二，加强城乡统筹发展。我国各个地区旅游经济的发展必须要在当地旅游资源的基础上进行，因此促进城乡统筹发展，对于旅游经济的可持续发展是非常有利的。但是要看到我国各地区旅游经济发展存在统筹体系不完善的问题。针对这一问题，就必须要将资源节约型、环境友好型作为旅游经济发展的要求，不断缩小城乡之间的差距，对于城市和乡镇原有资源进行充分的规划设计，从而在国家旅游业发展优惠政策的基础上，大力发展旅游经济。

第三，重视循环经济理念的应用。旅游经济必须要重视循环经济的利用，尤其是在开发利用中所产生的废水、生活垃圾等问题，都必须要得到重视，减少环境的污染以及资源的浪费。在旅游旺季时，必须要加强循环利用意识，对于各个景区和酒店的生产经营进行大力管理，在提高整个行业节约意识的基础上，加强对游客的管理，保障旅游经济的可持续发展。

第四，重视旅游经济的生态承载能力。各地区在进行旅游经济发展时必须要保证在区域生态承载能力范围内，加强资金的投入以及基础设施的完善，提高对于资源的循环利用，减少游客过多对于生态环境所产生的不利影响。同时在实际旅游经济发展时，也可以结合信息技术来进行应用，严格控制人流量，提升景区的接待效率，促使当地旅游经济的可持续发展。

第五，重视低碳理念的应用。新时期全球生态环境恶化，这一问题引起了各界的重视，因此为了减少旅游经济对于生态环境所造成的危害，必须要重视低碳理念的应用。在旅游地区可以设置一些环保的交通工具，倡导人们文明出行。同时也可以鼓励游客自带用品，避免资源浪费，在提升游客节约意识、保护意识的基础上，加强人们对于低碳理念的应用，以此来促进旅游经济的可持续发展。

新时期旅游经济已经成为经济活动中的重要组成部分。因此，旅游经济发展必须要重视对于自然环境的节约以及保护，促使旅游经济的可持续发展。作为旅游产业的开发者、经营者、游客必须要重视旅游经济的可持续发展，本着循环经济、低碳经济、生态环境保护的理念促使旅游资源利用率的最大化。

第三节　文化经济与旅游经济发展关系

当前市场经济在蓬勃发展，我国各个经济领域也有了极大的提升，尤其是随着人们经济水平的提升，旅游业进入黄金发展时期。而我国作为一个多民族聚集的国家，各民族都有着独特的民族文化，如何将这些璀璨的文化更好地展现在人们面前，是当下业内工作人员及学者需要研究的重点。鉴于此，本节从文化经济与旅游经济的发展关系入手，对文化旅游经济带动区域发展的建议进行分析，以供参考。

一、文化经济与旅游经济关系分析

文化经济与旅游经济是密不可分的，假如两者分开，只探究其一，另一者肯定都是无法更好地延续。所有人之所以把旅游当作消遣娱乐的方式之一，就是为了去感受城市里无法感受到的一切人文和环境。伴随着市场经济的路程，大多数人不再讨论着温饱问题，更重要的是追求精神文化。文化大大影响着人们的精神文明，同时也影响着人们的审美观念。一个成年人如果决定去旅游，会从多方面的因素去考虑，比如，资金是否足够充裕、假期是否足够空余、旅游景点是否喜欢。现在的人们收入大幅度提升，所以景点是否有特色，对于游客来说非常重要，往往起到决定性作用。大部分的游客已经不再局限于物质方面的需求了，更在意的是精神文化层面，所以我们必须要重视文化经济的建设。单从文化经济的角度来说，文化是无影无形的，是我们精神层面的，良好的文化建设，可以给人们不一样的体验。在这样的景点，和每一个游客交谈中，我们都能感受到更多的文化气息，更能让各个地方的特色融入进来，丰富大家的阅历，不仅游客受益匪浅，景点也得到更多的推广，经济利益得到提升，传统文化也能继续传承。从时间方面来说，整个历史文化的形成是悠久的，是以前时代留给我们的重要财富，但是伴随着经济飞速的脚步，人们审美的不断演变，只有顺应着才不会被遗忘。人们是为了体验不同的生活，感受不同的风景才选择旅游，各个地方的文化不同，产物不同，文化资源也各式各样，这才保证了旅游业的可持续发展。

二、文化旅游经济带动区域发展的建议

首先，我们的思想必须要创新，对于文化旅游经济的发展历程来说，势必要走出传统，找到新的突破口，跟随时代变迁，考虑整个市场的竞争，考虑到各种旅游资源的特色，明确发展的规划。响应新政策，利用各种行政方法，满足对整个市场的调控，发展整个旅游市场，开展更多的旅游产品，进一步激发出当地得天独厚的旅游特色。其次，一定得强抓设备建设，国家也必须给予扶持地区更大的帮助，将更多的人力、物力、财力，投入到各项设施中，进一步打造更卫生更优越的环境，以确保更优质的景区功能，这才是区域文化旅游建设的前提和基础。对于地球旅游规划和发展，则需要和本地居民有一个良好的沟通和引导，让其知道旅游文化经济的重大意义，提升他们的认知和理解，让他们能自主的全力配合。再次，突出区域文化旅游的更多特色，实现多元化，其发展主要是取决于该区域的自然风光，要合理利用民族的文化气息，开发出别具一格的产品，加强人文方面的建设，增加文化底蕴，使自然旅游更具魅力。不断地挖掘民族文化，让其通过旅游产品作为载体，展示到大家面前，不仅实现了自身特色，也实现了产品的多元化。最后，在实现的过程中，我们还需要跟发达地区互补，实现跨地区的旅游经济体系、客源分享等。文化旅游经济在区域经济发展中起着不可或缺的作用，发展相当迅速，和当地各产业链有着密切的关系。所以，地方政府部门更应该大力打造该产业，合理利用民族文化资源，在文化产业这条路上不断壮大，形成一个稳定的发展格局。

总而言之，当前人们的经济水平不断提高，这在一定程度上带动了旅游经济的发展。为了确保其发展势头继续保持，业内人员需要在考虑其经济层面的同时，更加深入地挖掘旅游经济的发展特点，以保证游客在旅游过程中的文化体验，从而为之提供更好的服务；同时要明确认识到文化经济与旅游经济的共生共灭关系，从而确保旅游经济发展的同时，文化经济也能够得到显著的提升，最终实现推动区域经济发展的目的。

第四节　新常态下旅游经济的发展

新常态是对当前和未来经济发展趋势和特点的总结。新常态旅游产业结构进一步升级优化，作为第三产业，其消费对经济的增加值逐渐上升，已超过第二产业成为国民经济中最大的产业部门，从而促进经济持续健康发展，实现人的全面发展。现阶段，在我国经济发展的新常态下，所有产业都面临着深化改革和创新发展，我国旅游业发展中仍存在问题。

一、新常态代表中国经济发展新现象

随着改革开放春天的到来以及国家经济的飞速发展，我国经济发展结构不断优化升级、规模不断扩张、经济增长不断上升，当前我国进入一个新的经济发展阶段。

在经济发展新常态下，人口老龄化严重，生产过剩，生态环境压力重等多重因素的制压，使经济增速由高速向中高速转变，经济增速虽然放缓，但是并不影响经济格局的稳健发展。政府大力推动科技发展、信息化建设、民生医疗建设及文化建设，从多个方面为国家经济发展添砖加瓦；以快速稳健的经济发展为目标，推动多元化市场建设，优化市场产业结构，从根本上解决市场上存在的问题，并建立健全经济发展制度；在世界多元化的前提下，积极同国际接轨，在多个领域展开深度合作，建立了长久高效的合作机制，争取各领域难题得到突破，使国际经济实现质的飞跃。政府积极推动职能的转变，优化产业结构的发展模式，加速产业结构的调整，使市场活力得到进一步的释放，经济贸易得到飞速发展，中国经济发展呈现出繁荣的新景象。

二、新常态下对中国旅游经济的新思考

面对新常态经济的发展，各行各业都面临着改革创新的需要，旅游业要改什么、如何改，是当前旅游业发展和未来一段时期面临的主要问题。当前阶段，我国旅游业发展中依然存在许多问题。

（1）发展模式的局限性及地域性。与发达国家相比，中国旅游业从一开始就一直按照传统的、低水平的旅游发展模式发展，主要是接待外国游客入境旅游。随着入境旅游的人数增多，国内旅游发展模式的创新跟不上国内旅游业如火如荼的发展现状。

（2）中小城市及偏远城市地区被忽略。我国旅游业主要以特色城市及特色景区为依托，其中特色文化、乡土人情是影响旅游业发展的重要因素。偏远城市由于受到交通限制的因素，导致旅游人数难以大量增加，进而影响旅游业的多元化发展，间接地影响城市的主要经济，尤其对于依托旅游业发展的城市更为重要。

（3）旅游法规不健全，经营秩序混乱。旅游基本法和单行法空白。国家旅游立法数量不足、层次低、旅游法制不完备。地方性的旅游管理规章制度缺乏统一性、协调性。

（4）旅游中的环保问题。某些城市景点不遵循环保理念，擅自胡乱开发，导致了当地生态系统的严重破坏，一些游客乱扔果皮纸屑的不文明行为，对景区的环境也造成了破坏，严重超出了大自然生态环境的自身净化能力，违背了生态旅游的初衷。

（5）旅游中存在的节假日出行高峰期问题。旅游业的发展和交通运输系统相辅相成，面临节假日，交通系统崩溃，严重拥堵，阻碍了旅游业的发展。

随着旅游业的快速发展，中国旅游业发生了重要变化，旅游业和国家的经济发展连为一体，经济新常态的产生，对旅游业的发展提供了新的机遇和挑战。

（1）"创新、协调、绿色、开放、共享"的发展理念，从战略高度提出了旅游经济的发展方向和目标，为旅游业注入了新鲜的血液，为旅游业的发展增加了新的动力。不仅要做大旅游业，也要做强，经得起时间的考验。

（2）旅游业的战略性地位日益凸显。国内旅游市场潜力巨大，形成了一个45亿人次的巨大市场，其中有超出3亿人次出入境旅游，对我国经济发展的影响不容小觑。因此大力发展旅游业，不仅会提高我国的经济总体实力，还会增加就业岗位，解决人民的就业问题。

（3）国家加大对旅游行业的扶持力度。国办发〔2015〕62号文中提出中央对旅游行业的大力支持与投资显著提高。入境口岸、旅游用地和外国旅客退税等一系列政策得以突破，这些政策的提出为旅游行业的快速多元化发展保驾护航。

（4）旅游消费的激增。到2020年，我国人均国内生产总值预计超过7万元人民币，对旅游消费的需求将呈现井喷式增长，不仅提高了国民的收入水平，也增加了国家的经济实力，还会对国家的文化建设有一定的促进作用。

（5）旅游业发展的积极性、旅游投资、市民参与旅游、旅游消费增长及旅游市场的扩展的积极性都日益高涨。

三、旅游经济新常态下的新举措

在经济发展新常态的背景下，中国旅游业逆流而上，一改传统弊病，成为经济发展中的一匹黑马，成为国家最具潜力的增长点之一。随着人民生活水平的提高及消费水平的多元化，人民不仅仅满足于传统的衣食住行，这就使旅游业得以快速发展，并呈现稳步性上升态势。中国旅游业有着巨大的发展空间，将迎来一个新的时代。因此面对当前的发展形势，解决存在的问题，应当提出新的举措来规范旅游业的发展。

（1）规范市场秩序。旅游市场的秩序对于维持旅游业的健全平稳前进尤为重要。旅游行业应当迎难而上，积极响应国家号召，大力规范市场秩序，对于破坏市场秩序的行为应当严抓严打，建立积极长效的市场体制格局，通过各种有力举措进行整改，让旅游行业快速稳健发展。

（2）加强安全旅游保护。随着旅游人次的逐渐升高，其中，旅游中的安全问题越发重要。人多人杂是旅游行业的通病。因此相关旅游单位应加强安保措施，同时不定期对工作人员进行安全知识培训，使其能够沉着应对解决突发事件，当然公民也应增强自己的安全出行意识，打造一个安全和谐的旅游环境。

（3）加强产业促进与融合。加强旅游产业结构调整与优化，促进产业链条中各个环节健康发展。产业、行业应当两手抓，并排走，及时解决产业与行业在融合过程中存在的问题，积极用创新思维来指导旅游产业的稳健发展。

（4）转变旅游新业态。当前旅游市场的发展虽然迅速，但是缺少高水平、高质量的旅游产品，主要还是停留于传统产品的改革，换汤不换药，缺乏新意。因此，应利用创新的思维来指导发展旅游的新产品、新思路，达到传统产品与新升级产品的完美融合。不仅要横向发展，还要进行纵向深度发展。

（5）区域旅游一体化。当前区域旅游的发展结合联系较少，"各发展各的"是主要存在的问题。在纵向发展旅游产品的同时，也应加大产业面的扩张，加强各区域的紧密联系，强强联合，努力发展成为一艘巨大的旅游产业游轮。

（6）旅游外交。旅游不仅可以增加亲朋好友之间的感情，还能增加国家之间的友好交往。通过乒乓外交，打通了中国与美国之间的友好大门，旅游外交也是一样的，在国家外交中的地位日益明显。旅游业应加强与国际的联系，打造良好的旅游平台，为国家外交的发展添砖加瓦。

（7）融合互联网。随着互联网经济的快速发展，传统旅游行业应当走出地域限制，充分利用互联网带来的便利性、实时性、高效性，通过信息化来打造新的"旅游 e ＋"发展平台，与时俱进，推陈出新，打破地域限制，保障旅游实体经济的飞速发展。

在新的经济背景下，我国旅游业应当积极做出改变，迎接挑战，对棘手难题进行重点攻关，加强旅游业的内在核心竞争力，积极加强区域性旅游产业的建设。在绿色环保的前提下，引入科学合理的商业模式，同时结合互联网的发展，提高旅游产业的发展。从创新的角度出发，来开创旅游模式的新天地，从旅游本身的实际情况出发，提高我国旅游产业的核心竞争力，科学合理地发展旅游业，使旅游适应"新常态"，获得长久发展，为国家的经济增添新活力、新动力。

第五节　低碳经济视角下的旅游经济发展

传统旅游发展模式对生态环境造成了很大压力。低碳经济模式下的旅游业，能大大降低能源消耗与环境破坏，进而构建起可持续的绿色发展新模式。

"旅游经济发展模式指的是一个国家或地区的旅游产业在一段时期内的总体发展方式，是对旅游经济发展过程、方式及特征的高度抽象与概括。"每个国家和地区都拥有一定的旅游资源，选择什么样的旅游经济发展模式，在很大程度上受限于经济发展水平、旅游资源禀赋、产业集中度等关联因素。许多学者以这些素材为基础，运用旅游周期理论、供需理论、产业融合理论对旅游经济发展模式进行了比较与分析，为我们提供了宝贵的研究资料。但同时也应当看到，这些研究多是运用传统理论对传统旅游资源禀赋的分析，着眼于旅游产业的投入产出比，是以经济利润为导向的分析思路。但随着全球环境问题的日益严峻，降低能耗、保护环境、绿色可持续发展早已成为世界各国的共识。在这种宏观背景下，长期以来被忽视的旅游产业对环境的负面影响被逐步正视，人们意识到旅游经济也与其他经济形态一样，同样也会对生态环境造成压力。因此，旅游经济不能再单纯追求经济效益，而应注重经济效益与社会效益的协调与平衡。引入碳排放量作为衡量、评估旅游经济发展的新要素，要求在发展旅游经济的同时也要尽可能降低碳排放量，这种从低碳经济的视角出发，研究旅游经济的可持续、绿色发展模式就是本节的主题。

一、低碳与旅游契合的前提

低碳经济是由英国最早提出的，指的是以"低污染、低排放、低能耗"为基础的经济发展模式。低碳经济与旅游产业的结合，就是将碳排放量作为经济发展模式的约束条件，探索出一条既尽可能降低碳排放、缓解环境资源消耗，又能促进旅游产业长期健康发展，还能提升游客旅游体验的全新发展模式。因而这种发展模式也被称为低碳旅游、绿色旅游、可持续旅游。

但在进一步分析之前，还需明确的基本前提是，旅游为什么能与低碳相契合呢？本节认为，从本质上来讲，这是由旅游产业的复合性决定的。旅游产业的本质是服务业，但与法律服务、医疗服务等聚焦服务者个人的产业相比，它不是旅游从业者单靠自身就能完成的，食、住、行、游、购、娱各行各业都必须深度参与，与交通产业、餐饮产业、住宿产业、零售产业互为渗透、交叉、互补，可以说旅游产业的经济发展模式是多要素共同作用的结果。旅游业的发展不仅要考虑传统要素的投入、技术手段的提升、从低碳经济的视角观之，还应考虑环境、能耗等新要素对旅游产业发展的影响。

二、低碳经济对旅游经济发展的影响

唯物辩证法告诉我们，任何事物都有积极面，也有消极面，低碳经济也不例外。它在为旅游经济注入新动能的同时，也会为其带来一定负效应。

（一）正面影响

1. 提升人们的旅游体验

随着我国经济的持续发展，人民群众的文化休闲需求逐步攀升，通过旅游，既能锻炼人们的身体，愉悦人们的精神，也能满足人们饱览祖国大好河山的良好愿望，归根结底还是要落实到人们的旅游体验上。而体验的好坏在很大程度上是由旅游目的地的环境决定的。很难想象，一个遍地垃圾、烟囱林立的"景点"能给人们带来美的享受。通过发展低碳经济，淘汰能耗高、污染重的落后产能，旅游景区的景观会更优美，这当然有助于提升游客的旅游体验。

2. 促进旅游产业整体技术的更新换代

高能耗与落后产能往往是联系在一起的。低碳经济下，首当其冲的就是要淘汰那些景区的耗能大户，换上干净、清洁的新能源。比如，我国不少景区应用潮汐能、风能、太阳能维持景区的能源供给，不仅推动了低碳经济的发展，更为景区提供了一道靓丽的风景。同时，景区也不再仅仅是售卖特产的卖场——生产这些特产往往要消耗当地大量的自然资源，而是要满足各地旅客的个性化需求，打造"智慧旅游""全域旅游"等集旅游、休闲、养生于一体的综合旅游产品。低碳经济会倒逼旅游开发者创新，不断开发出适销对路的旅游产品，以旅游服务、旅游品质与旅游管理吸引人，并减少对能源的依赖。

（二）负面影响

1. 显著增加景区的经济成本

低碳经济在实质提升景区美观度的同时，也会显著增加景区的经济成本。低碳经济给景区带来的经济效益是长远的，但短期内需要加大投入，如果景区管理者缺乏足够的现金筹划方案，可能会陷入现金流枯竭的困境。

2. 有些高能耗、高污染的传统观赏项目或被取缔

低碳经济要求景区走低能耗、绿色的可持续发展之路。但由于我国地大物博，各地景区因风俗、地理文化的不同，观赏项目也是千差万别，有些项目虽属于广大游客喜闻乐见的，但却是高能耗、高污染项目，无疑不符合低碳经济的标准，典型的例子就是烟花表演。在一些旅游景点，常年将烟花作为其保留节目招揽游客，造成的空气污染、环境污染与低碳经济背道而驰。因此要引导人们转变旅游观念，自觉抵制高能耗的旅游观赏项目，景区也要主动将高污染的旅游项目慢慢退出观赏清单，以更清洁环保的新旅游项目吸引游客。

三、低碳经济与旅游经济的发展模式

（一）我国传统旅游经济发展模式的不足

旅游业一直是我国经济中持续高速增长的重要战略性、支柱性、综合性产业。随着我国国民收入水平的持续提高以及可支配时间的增加，我国旅游业逐渐步入快速发展的黄金时代。从世界各国的旅游发展趋势来看，一般分为三个阶段：第一阶段，游客旅游主要目标是观光，多选择名胜古迹、名山名水，重要是到此一游，拍照留念；第二阶段，游客旅游的目的已不再局限于好山好水浮光掠影式地游玩，城市周边、农家乐园、主题公园也成为人们旅游的选项，旅游目的以休闲为主；第三阶段，随着人们的休闲需求和消费能力进一步增强，游客对目的地的接待环境、接待设施提出更高要求，停留时间也大大增加，在旅游目的地居住一段时间，以充分体验当地的风土人情，并试图融入当地的居民环境。

我国目前的旅客尚处于第一阶段，绝大多数游客出行的目的都是以开阔眼界、增长见识为主。与此相对应的是，景区管理者对景区规划也多停留在"顺其自然"的层面，过度

依赖景区优美的自然环境吸引游客，对景区的旅游资源缺乏深度开发，低水平建设，缺乏深度和广度，产品和服务单一；旅游设施陈旧落后，旅游项目单一乏味，更谈不上统一规划和绿色低碳了。随着游客数量的增多，尤其是在高度集中的黄金周期间，许多景区接待能力超负荷，已经严重违背低碳、可持续的发展要求，需要进行整体规划升级。而且这种升级不能是头痛医头脚痛医脚，而应当以绿色、可持续作为指导思想，统筹规划，科学布局，提升景区的整体接待质量。我国中产阶级群体在不断扩大，对旅游品质的要求越来越高，只有绿色旅游才是他们的最爱。

（二）低碳经济有助于旅游业发展模式的创新与完善

低碳经济模式注重的是绿色、科学、可持续发展，这恰好是当前我国旅游经济的短板。发展低碳旅游实质是对传统旅游经济发展模式的改造升级，使景区不再是资源消耗型景区，而是低碳、节能、环保型景区。不断降低碳排放、降低能耗，才能使旅游经济发展整体趋向低碳经济的标准，这是可持续发展的客观要求。

1. 低碳经济为旅游注入绿色要素

低碳旅游是以低能耗、低污染为特点的绿色旅游，无论是游客、景区管理者还是旅游从业人员，都应当树立节能环保的绿色理念，在旅行过程中尽可能降低碳排放。对游客而言，他的旅行出游应当尽量采用公共交通工具，如需自驾，也尽可能选择拼车、电动大巴等交通方式。对景区管理者而言，要自觉将绿色环保作为景区建设与发展的重要指标，对景观评价除景色优美外，还要以低碳绿色作为景观布局的指导思想，比如进一步凸显自然景观的旅游价值，策划以低碳环保为主题的旅游产品等，此外景区内服务设施也要满足低碳绿色的要求。多使用新能源汽车，使用污水循环处理装置，使用低碳旅游环境卫生设施，禁止一次性餐具的使用等。在景区软件建设上，要对景区人员进行低碳教育，让低碳理念深入人心。在景区宣传册、标识牌、指示牌上也要将绿色环保置于显著位置。通过这些绿色要素的加入，提升景区整体的体验度，使景区令人耳目一新。

2. 低碳经济为旅游注入科技元素

低碳经济一定是科技经济，任何节能减排能力的提升都是科技进步的结果。传统高污染、高能耗的设备虽然对环境保护不利，但是这类设备成本较低，而低能耗设备往往因尖端技术大量应用而导致成本较高。但从长远来看，节能环保设备的使用是有利于降耗增效的，还能降低环境污染，提高景区的观赏性。

如前所述，我国游客旅游目的还停留于观光型的阶段，游客出行就是为看到之前没有看过的稀缺景观。但一旦看过之后，不免会觉得不过如此，就不会有下次专门到访，这样重游率就比较低。重游率是考核景点运营管理能力的重要指标之一。如何在扩大初游率的基础上吸引更多回头客，提高重游率，已成为景区管理者的现实难题，低碳经济可以为他们提供新思路。想要期待游客反复到访，除维护好现有景观资源外，还要在新颖性上下功夫。对景区的整体改造要秉持减排、节能、可循环利用的生态理念，在自然资源开发、景点接待容量、游览设施设计等方面都融入低碳经济的发展理念，这可以让传统景观焕发出勃勃生机，进而提高重游率，促进景区的可持续发展。

3. 低碳经济有助于培养游客的绿色环保理念，并促进旅游业向低碳方向发展

低碳经济在为景区注入绿色、科技、可持续元素的同时，对游客也会有潜移默化的影响。同样，游客环保、绿色意识的增强，反过来会促使旅游业向低碳旅游转型。旅游产业是以游客体验为中心的，游客体验以及对景区的评价，对旅游产业来说是非常重要的风向标。如果游客都倾向选择低碳景区，就会促使景区进行低碳化改造，使旅游业向低碳旅游方向发展。反之，如果花费大价钱却无法吸引比过去更多的客源，那么景区经营者就会失去打造低碳景区的欲望。因此，游客对低碳理念是否认可，对我国旅游经济发展模式转变至关重要。因此，要加强对低碳旅游、低碳出行的宣传力度，让广大人民群众自觉接受绿色环保理念，并落实到行动中，这对旅游业向低碳模式转型至关重要。

总体而言，低碳经济的浪潮已势不可挡，许多国家都把低碳旅游业作为该行业发展的战略，我国也不应例外。

第六节　乡村旅游经济优化升级推进路径

现阶段如何加快推进乡村旅游经济的平稳发展和优化升级，成为农业生产者、政府管理者以及各界相关人士的共同命题。文章正是基于对这一问题的思考与探究，分析其中的内在逻辑与处理办法，也希望给予当今社会中的农村旅游经济以更深的思考。

随着我国的政治和经济生态进入新时期，我国正处在转变发展方式、优化经济结构、转化增长动力的攻关期。而在这一时期中，新的经济模式与经济手段应运而生，并逐渐为我国的经济发展贡献了巨大的力量。在传统的农业体系中，农村经济依附于农作物的种植、生产、加工等环节，而现阶段乡村旅游经济却是异军突起，成了农业经济中非常重要的一部分。

农业的发展是国民经济的根基，也是人们赖以生存的命脉。不论是党和国家，抑或是普通的民众都将农业经济摆在了国家发展过程中重中之重的位置上。党的十九大更是提出了乡村振兴发展战略。

这是以习近平同志为核心的党中央着眼党和国家事业全局，深刻把握现代化建设规律和城乡关系变化特征，顺应亿万农民对美好生活的向往，对"三农"工作做出的重大决策部署，是决胜全面建成小康社会、全面建设社会主义现代化国家的重大历史任务，是新时代做好"三农"工作的总抓手。那么顺应着党和国家的政策步伐，越来越多的农民也开始探索新的创业道路，将农业与旅游业紧密地联合起来，从而大大促进了乡村旅游经济的迅速发展。

当然由于这一种经济模式起步较晚，经济运行方式还未能趋于成熟，因此在发展道路上还存在着许多弊端与问题，这就更需要各界人士集思广益，寻求解决问题的方法，探究出更加适应时代发展与现实需要的有效途径。

一、乡村旅游经济发展过程中存在的问题

科技与经济的高速发展不断推动着新兴行业的产生与传统行业的转型与升级，当然这其中也有不同的行业相互融合与渗透，从而开辟出了新的经济模式。乡村旅游经济便是其中典型的代表，这一新的生态经济兼顾着农业与旅游业的特点，使传统的三农经济焕发着新的活力与生机。在我国的现阶段，农业经济依然是国家发展的重要基石，"三农"问题也是党和国家领导人最为重视和亟待解决的问题。因此，乡村旅游经济的发展正是契合了时弊而探索出的极佳出路，极大地增加了农民的收入，并且优化了农村的环境。但是正如上面提到的因素，在乡村旅游经济的发展中也是存在许多问题的，这些问题牵制甚至是阻碍着乡村旅游业的进一步优化与提高，这主要体现在如下两个方面。

（一）乡村旅游业从业人群自我发展意识欠缺

中国的农村人口一直占据着总人口数量中非常大的一个比例，但是相对于城市居民或是城市的常住人口，其文化素养还是较低的，许多的农民都未接受过高中及以上的教育。尽管农村的教育普及已经达到了前所未有的程度，但是总体而言还是比较落后的，这就造成阻碍乡村旅游经济发展的第一个障碍，即农民由于文化教育程度较低而缺乏自我发展的先进意识，对于新兴的创业形式或者是新的农业模式还存在着一定的质疑与抵触。当然即便他们能够在自我意识上加以接受和改善，但是实施起来也是具有相当大的困难的，究其原因，还是因为文化水平以及技术手段上的限制，因为他们可能对于农业劳动具有娴熟的技巧与能力，但是如何进行旅游经济的推广与宣传仍然是十分困难的。而且将农业与旅游很好地结合起来也是需要经过专业分析以及技术上的支持的，这些都是农民群体亟待解决的问题，因而限制了乡村旅游经济的进一步优化。

（二）乡村旅游品牌缺乏，吸引力与影响力有限

就目前而言，乡村旅游业的发展态势是远远比不上传统旅游业的，毕竟依附于自然风光或是人文历史的传统景观具有很广泛的受众群体，而乡村旅游业所能够辐射的范围还是较小的，一般只会吸引当地的游客而不能有更大的号召力，且乡村旅游由于具有环境上的限制性，因此其主要活动和模式也只是具备一些当地的特色，但是在整体上可以说是大同小异的，不太具有典型性和突出性。当然还有一部分原因是相比于大型旅游风景区，乡村旅游业无论是内容实质还是宣传统筹的投入都是相对较少的，因而整体而言，乡村旅游的宣传促销认识不足、投入不够、力度不强，缺乏系统性、科学性的问题，整体宣传促销的合力尚未形成。所以这一因素也是对于乡村旅游业的发展和优化有着阻碍效用的。

二、推进乡村旅游经济优化升级的措施

（一）优化生态环境，创造特色旅游项目

乡村旅游最大的特色便是依赖于当地特有的人文与自然环境，从而给予游客返璞归真、平易质朴的旅游感受。所以相比于大型旅游景区而言，将自身的生态环境与乡村气息规划和利用好，才能够更好地发挥自身优势，并取得理想的旅游经济的效果。这一举措的实施需要相关政策以及乡村旅游业从业人士极力地配合与实施，只有这样才能将本地特色项目以及景点更好地推广出去，从而实现乡村旅游经济的优化与升级。可以看到凤阳小岗村正是遵循这样的方法，从而大力发展乡村旅游经济，并收获到良好的成效。小岗村隶属于安徽省凤阳县，位于滁州市凤阳县东部25千米，是中国农村改革发源地，农村改革的家庭联产承包责任制便起源于此。小岗村干部与村民正是利用了这样的历史渊源与人文环境，不断地进行建设与宣传，从而使得小岗村在乡村旅游业中起到了良好的表率作用。小岗村在不断的发展过程中，已经成为全国十大名村之一、国家AAAA级旅游景区、沈浩精神起源地、中国幸福村、中国乡村红色遗产名村、全国旅游名村、全国干部教育培训基地。这是乡村旅游经济非常典型的案例，而其主要措施便包含着优化生态环境，创造特色旅游项目。

（二）运用自媒体形式，进行广泛宣传与推广

随着科学技术的不断发展，自媒体形式已经遍及各行各业中，这是一种非常有效的传播与宣传方式，在乡村旅游业中也能起到非常积极的促进作用。因为依赖于自媒体的传播，可以便捷地将乡村旅游当中的一些特色项目以及有趣的农家生活广泛地推广到受众群体当中，所以有利于游客对于乡村旅游有更深的和细致的了解。并且这种方式简单易行，前期实行时对于设备或技术的要求也不会太高，需要的则是从业者花费一定的时间对于素材进行精心地选取，对于自媒体上传的内容有一定的保证，从而才能吸引游客的关注，达到宣传与推广的目的，真正地实现乡村旅游经济的优化与提高。在这一方面，许多从业人士都已经付出了实践，像是近期在网络上引起热议的"华农兄弟"，便是通过自媒体方式进行乡村旅游以及农产品销售的典型代表。"华农兄弟"是由两个人组成的，他们的主业是竹鼠养殖，日常空闲时间会拍视频上传到网上，分享一些竹鼠养殖经验和农村生活。他们通过高质量的趣味视频，引发了广泛地讨论与关注，从而带动了其本身的竹鼠养殖事业，不仅如此，还带动了当地农户的养殖与产销事业，并极大地推动了乡村旅游经济的发展，可谓是一举多得。而这种良好成效的形成固然离不开其本身的良好环境与生态项目，也离不开以自媒体为媒介所进行的宣传与推广。

（三）依赖政策倾斜，着力引进相关人才

如上所言，中国政府始终把"三农"问题摆在很高的位置。党的十九大报告中便提出了乡村振兴的战略。报告中指出农业农村农民问题是关系国计民生的根本性问题，必须始

终把解决好"三农"问题作为全党工作重中之重，实施乡村振兴战略。其后，又公布了中央一号文件，即《中共中央国务院关于实施乡村振兴战略的意见》。实施乡村振兴战略，要坚持党管农村工作，坚持农业农村优先发展，坚持农民主体地位，坚持乡村全面振兴，坚持城乡融合发展，坚持人与自然和谐共生，坚持因地制宜、循序渐进。这些战略目标与原则都在昭示着新时期的农民需要以更好的姿态与更创新的意识来跟随党和国家制定的政策，并且依赖于农业政策的倾斜，更加有力地解决农村经济发展过程中的相关问题。在这些问题中，比较突出的就是人才引进问题。上面分析的农民以及乡村旅游业从业者的文化教育程度普遍较低，对于许多技术性以及战略性的问题都很难进行合理地规划与统筹，这就很需要相关的专业人士以及优秀的青年创业者出谋划策，从而更好地促进乡村旅游经济的发展与优化。农业与旅游业的整合很具有现实意义，在当今中国更是有着良好的发展前景，国家的政策对此也是极力地倡导与鼓励，有鉴于此，则更是需要大力引进人才，不断优化升级，推动其更好更快发展。

（四）加强对乡村的基础设施建设，促进吸引游客

基础设施的建设是乡村建设的重要方面，基础设施的完善有助于促进乡村建设高效科学地发展。在设施基础完备的情况下，能够提升乡村形象，增强乡村旅游对游客的吸引力。乡村建立特色旅游品牌需要加强基础设施建设，从而完善生活基础建设，促进乡村旅馆开设，有助于乡村建立长效的特色旅游品牌吸引游客留宿。加强旅游经济对乡村经济发展的促进作用。同时，在进行乡村基础设施建设时可开设特色民宿，在体现乡村旅游建设特色性的同时也增加了乡村人民的收入来源，保障了乡村特色品牌的实效性。

（五）完善乡村周边交通网，增加乡村旅游通达度

交通作为旅游建设发展的重要方面，乡村旅游建设的发展必须以交通网完善为重要前提。加强对乡村周边交通路线的规划及管理，使乡村特色旅游景点交通具有连贯性，从而增加乡村特色旅游的知名度及高效性，帮助游客规划好旅游线路，有助于吸引游客进行乡村旅游。另外，完善乡村周边的交通网，增强各大城市去往乡村的交通通达度，有助于提高乡村联合城市协同进行旅游建设。促进乡村特色旅游便利性，使乡村到城市之间的时间缩短，从而帮助游客更高效地进行乡村旅游，吸引更多游客，提高乡村经济发展。同时，又增加了乡村与城市之间的联系，提高乡村旅游的知名度。

"三农"问题是国家发展过程中的重中之重，而乡村旅游经济的优化升级又是现阶段许多乡村自主创业、自谋发展的重要手段。通过政府政策的支持与从业人士的努力以及专业人才的引进，相信未来我国的乡村旅游经济将会发展得越来越好，并且乡村旅游业的发展伴随着极强的正向外部性，不仅能够带动从业人士和农民收入的增加，还会对环境的保护与生态的建设起到十分有效的作用。这也正是响应国家的号召，绿水青山即是金山银山，在不断地进步与发展历程中，做到人与自然和谐统一，达到自然与经济的共同繁荣。

第七节 我国旅游经济与电子商务融合发展

本节从旅游经济和电子商务发展现状入手，指出当前我国旅游经济与电子商务融合发展面临的主要问题。从营造旅游经济环境、发挥电子商务带动作用、注重推动电子商务融入旅游经济发展、提升旅游产业服务质量方面，详细分析旅游经济和电子商务融合发展途径，以期为促进旅游经济与电子商务融合发展提供思路。

一、我国旅游经济与电子商务融合发展现状

（一）我国旅游经济对 GDP 贡献率持续增长

十八大以来，随着供给侧结构性改革的不断深入，经济发展质量和发展方式不断转换，经济结构调整更趋优化，社会消费结构加快转型升级，我国旅游业发展非常迅速，国内旅游、入境旅游、出境旅游全面发展。截至 2017 年底，我国 AAAAA 级旅游景区达到 249 处，成为世界最大的国内旅游市场和世界第一大国际旅游消费国，旅游经济对国民经济贡献连年提高。从旅游收入来看，2017 年实现旅游总收入 5.40 万亿元，比上年增长 15.1%，比 2012 年增长 2.81 万亿元。从旅游人数来看，2017 年国内游客超过 50 亿人次，比上年增长 12.8%，国内旅游收入达到 4.57 万亿元，比上年增长 15.9%。从对 GDP 的综合贡献来看，2017 年我国旅游经济综合贡献为 9.13 万亿元，占 GDP 总量的 11.04%。旅游已成为人民群众日常生活的重要组成部分，对经济发展的影响和带动日益增强，成为国民经济发展的重要支撑。

（二）我国旅游经济增长方式和发展途径不断拓宽

我国经济社会发展步入新时代，更加注重经济高质量发展，社会主要矛盾也发生了深刻改变，人们的生活需求开始从"有没有"向"好不好"转变，期盼有更满意的收入、更优美的环境、更丰富的精神文化生活。人们的旅游需求日趋多样化，对旅游产品的质量、服务、模式都提出了更高的标准和要求。我国开始进入大众旅游时代，人们的旅游已经突破了传统旅游的时空界限，开始更加注重旅游产品的地方特色、文化特色、民族特色和区域特色。各地方也在不断拓展旅游服务方式和途径，努力满足不同层次的旅游需求。2012 年我国国内旅游人数为 29.57 亿人次，比 2011 年增长 12%；2017 年国内旅游人数超过 50 亿人次，近几年旅游人数年均增长都在 15% 以上。旅游人数和旅游总收入的连年增长，说明旅游已经成为现代人群休闲度假的重要方式。

（三）电子商务逐步成为经济发展新动力

电子商务的迅猛发展，颠覆了传统产业和消费模式，给各行各业都带来巨变，电子商

务和各行各业融合发展成为大趋势，也带动人们的消费方式和观念悄然改变。各类消费终端日益完善，电子商务实现了消费全流程、全过程的高效透明，消费者的多样化、个性化消费需求得到有效满足。2017年，我国电子商务市场整体交易规模为29.16万亿元，较2016年增长11.7%；全国网上零售额达到7.18万亿元，较2016年增长32.2%，占电子商务市场整体交易总额的24.6%。电子商务迅速发展，带动网上商品零售空前活跃，网上商品零售额保持逐年高速增长。在电子商务带动下，各类交通基础设施日趋完善，互联互通的信息网络体系更加通畅，旅游交通、购物、住宿、餐饮等更加便捷，有效带动了旅游经济发展，使得电子商务对于旅游经济的带动作用日益显现。

（四）旅游经济与电子商务融合发展趋势越来越明显

得益于信息技术的进步和经济的发展，旅游业和电子商务同时成为推动国民经济发展的新动力和新引擎。电子商务能够促进旅游经济发展，旅游经济也能够推动电子商务业的发展，两者相互影响、相互发展、相互支撑，能够更好地满足人们不断增长的消费需求和旅游需求。近年来，各地也积极立足地方旅游资源和信息化基础，大力推动旅游经济与电子商务相互结合、融合发展。各地纷纷依托地方特色旅游资源，从景区、餐饮、交通、住宿、购物等方面多管齐下，充分利用电子商务渠道，积极推进具有地方特色的旅游产品和服务，完善旅游经济服务体系，扩大旅游市场宣传推荐，拓展旅游市场多元需求，努力开辟旅游经济发展的产业途径。旅游经济的辐射带动作用不断增强，有力拉动了地方经济。旅游经济与电子商务的融合发展，正在成为地方经济社会发展和国民经济发展的新生力量。

二、我国旅游经济与电子商务融合发展面临的主要问题

（一）政策环境制约电子商务与旅游经济融合发展

我国电子商务起步较晚，与旅游经济的融合也刚刚起步，传统旅游经济发展理念和方式根深蒂固。互联网技术的不断进步带动了电子商务的迅速崛起，给旅游业带来翻天覆地的变化，产生了大量新经济、新业态、新模式，使旅游经济环境建设难以同步快速跟进。但现行法律法规和地方政策难以适应电子商务和旅游经济的快速发展，监管法规、标准规范、企业准入等不完备；消费环境、商业诚信体系建设有待完善，市场公平竞争秩序保障体系不够健全，企业在市场竞争、规范经营、经营资质、融合发展等方面遇到不少问题，一定程度上阻碍了旅游经济的发展。对于电子商务与旅游经济融合发展，政府反应速度较慢、政策制度难以跟进、管理机制有待进一步梳理和改进。对于电子商务带动旅游经济，特别是促进互联网和旅游经济融合发展的制度措施还不到位，存在制度缺失和行政监管盲区，因此制约着电子商务和旅游经济的结合，也制约着旅游服务企业的转型。

（二）旅游经济多元化发展体系尚未完全形成

旅游经济涵盖"吃、住、行、游、购、娱"六要素，它们缺一不可，而这些要素都和

电子商务密切相关。而旅游电子商务总体发展水平偏低，传统旅游企业缺乏现代化经营思路，电子商务应用还停留在在线预订的初级阶段，整体经营管理水平不高，能够认识到电子商务重要性的旅游企业并不多。很多旅游景区的开发虽然取得了一定成效，但是各个要素的融合尚处于起步阶段，特别是各要素和电子商务的融合不紧密，旅游经济缺乏协同，整体效益不高。旅游相关产业发展不平衡、区域旅游发展不平衡、城乡旅游发展不平衡等矛盾仍然突出。旅游餐饮购物、电子商务、智慧服务等要素缺乏相互融合、相互支撑，电商旅游和其他产业互相孤立，缺乏协同联动，与人民群众日益增长的旅游需求不完全适应。在旅游经济开发过程中，受传统思想观念的影响，对贸易、商务、休闲、度假等重视不够，对旅游资源的深度挖掘不足，资源利用效率不高，旅游产品类型还不丰富，产业特色还不鲜明，旅游产业链还没有完全建立。

（三）旅游服务供给体系还不够完善

在地方旅游经济发展中，很多地方盲目跟风，缺乏战略规划统筹，生搬硬套，雷同现象多，创新元素少，没有地方特色，导致旅游产业缺乏核心竞争力。很多旅游服务企业信息化技术应用不够，信息化水平低，整体服务能力还比较薄弱，难以适应电子商务发展要求，与人们旅游需求不匹配。有的地区购物设施不齐全，与电子商务对接困难，产业关联性差，产业化程度较低，导致旅游业分散，规模效应差，服务水平、游客消费体验较差。有些地区旅游服务体系还不够完善，与旅游相关的公共基础设施和公共服务产品落后，尤其是一些景区旅游购物市场监管不到位，市场秩序较乱，以次充好、假货等问题屡禁不止，即使应用了电子商务，但以次充好、假货问题等仍然存在，整体服务质量不尽人意，难以适应人们对旅游经济发展的要求。

（四）旅游业与电子商务融合发展还不够成熟

随着人们生活水平的不断提升，旅游已经成为人们休闲娱乐的重要方式，人们的旅游需求呈现多样化、个性化、广泛化趋势。目前，我国旅游业整体发展水平还较低，管理理念和方式还比较落后，旅游市场不够健全，旅游资源效率和效益还没有充分体现，旅游电子商务联动发展模式还不成熟。很多旅游服务网站在规划时缺少对旅游行业的全面、深刻认识，往往照搬照抄，内容雷同，缺乏特色，没有形成规模化集约化经营。如果我国旅游经济发展思路和经营方式不调整，那么旅游经济将受到很大制约。要把电子商务作为产业发展的新引擎，通过电子商务与旅游经济融合发展，不断提升旅游业供给体系质量，满足人们的旅游需求。从旅游购物的占比情况来看，我国旅游购物占旅游收入的比重仅为40%，而一些发达国家已经接近70%，差距非常大，说明我国旅游产业比较分散，产品缺乏核心竞争力。部分地区旅游存在保护主义行为，造成产品孤立、产业分割，给旅游经济发展带来不良影响。

三、推动我国旅游经济与电子商务融合发展的途径

（一）加强旅游环境建设，完善政策环境

立足于促进经济发展和满足人民群众美好生活的需求，加快推动电子商务与旅游业融合发展，深化旅游产业供给侧结构性改革，针对旅游服务短板，采取有力措施，从体制机制入手，推动电子商务旅游和旅游相关产业融合发展，促进旅游经济高质量发展，不断激发经济发展活力，为旅游经济提供强力支撑。发挥政策导向作用，根据国家"十三五"旅游业发展规划，加强旅游发展规划与电商发展规划的衔接。结合地方旅游经济发展实际，进一步完善地方旅游产业规划，制定鼓励电商和旅游业相结合的措施办法，发挥战略导向作用，为旅游经济发展创造良好的宏观环境。发挥市场在旅游资源配置中的决定性作用，加强旅游与电商发展的统筹安排，整合优化相关旅游电商资源，促进旅游经济协调联动融合发展。加强旅游网站规范化建设，强化行业监督和加强行业诚信体系建设，推动旅游电商服务持续健康发展。

（二）注重发挥电商带动效应，不断增添旅游经济生机活力

发挥电子商务的牵引带动效应，大力推动电子商务与旅游业融合发展，积极开发度假旅游、购物旅游、商务旅游、会展旅游等各类新型业态，通过电子商务带动旅游发展，丰富旅游购物资源，丰富旅游产品，完善市场体系，构建市场共拓、资源共享、产业共同优化升级的旅游产业发展格局，为旅游经济发展开辟新空间，实现电商和旅游产业的共同提升与发展。深化旅游服务企业供给侧改革，加强行业监管，推动行业自律，规范经营行为，加快推动旅游商贸产业创新，推动旅游商品企业走规模化、集约化、特色化、品牌化发展道路。大力实施旅游商品品牌工程，发展地方特色街区、特色购物区建设，提供金融、物流等便利服务，充分满足人们的旅游消费需求，为游客提供全方位地旅游服务和体验，不断提升旅游业吸引力。大力发展旅游智慧购物，依托各类优势资源，推动电商企业与旅游企业合作，鼓励旅游企业利用电子商务平台，推动线上线下融合发展，给游客带去不同的购物体验。积极发展商务旅游产品，形成特色突出、优势互补的电商旅游一体化产业链，提升旅游产业发展水平。

（三）注重发挥电商优势，大力培育旅游特色品牌

以电子商务促进商贸流通，以商贸流通促进旅游购物，以游兴商，优化商贸购物环境，带动旅游相关产业协同发展，不断完善旅游功能，更好地满足游客的旅游体验和多元需求。充分利用综合商城、商贸中心、文化中心等购物场所，积极扩大旅游电子商务，推动线上线下融合，发展特色购物旅游，打造地方特色的旅游商业购物街区和电商品牌。准确把握旅游消费特点，注重将旅游胜地、文化名镇、乡村特色等景区特色与电商优势相结合，完善电商旅游融合产品体系，不断扩大地方旅游的知名度和影响力，开发具有浓郁地域特色和产业特点的产品。创新旅游餐饮体验，针对不同旅客的旅游餐饮需求，以"特色、特产、

特点"为方向，积极依托地方餐饮品牌，大力发展旅游餐饮，设计不同档次、种类和层次的旅游餐饮产品，打造具有区域旅游特点的餐饮企业，不断提升人们的旅游餐饮体验，全面提升旅游餐饮质量。创新住宿服务体验，以多元化、个性化、特色化为方向，积极推动特色酒店、民宿酒店、生态酒店全方位发展，促进旅游住宿多头并进，不断构建区域特色旅游住宿服务体系。立足市场化、专业化、国际化，以地方展会、产业研讨、行业论坛、重大项目等为牵动，有效发挥区域中心城市的旅游带动作用，充分展示地方悠久的历史文化，积极引进一批规格高、影响大的国际性展会品牌，利用特色品牌和优势产业展会，大力推进区域特色旅游资源，积极拓展地方旅游服务和产品，促进旅游经济发展实现新飞跃。具备条件的城市要积极申请出境免税店和自贸区，积极吸引境外游客，实现境内旅游和境外旅游协同发展。

（四）推动电商融入旅游经济全过程，不断推动旅游服务迈向精细化、个性化和信息化

发挥政府、市场监管和导向作用，以标准化、专业化、现代化和国际化为起点，高标准定位，高起点推动，促进电子商务与旅游业融合发展。利用电子商务平台，进一步规范服务标准，提升服务档次，不断升级改造住宿、餐饮、酒店、娱乐等旅游服务设施，全面提高服务质量。着力改善旅游景区交通环境，加大交通基础设施建设力度，不断改善人们的旅游环境体验。加强景区旅游电子政务商务、服务中心、服务体系、安全保障体系建设，在丰富内容、形式、质量上下功夫，构建良好的旅游发展服务环境。尤其是要加强旅游购物企业诚信体系建设，严惩不当竞争，强化市场监管，规范企业行为，推动旅游购物企业讲质量、讲诚信、讲服务、讲品牌，营造良好的购物环境。大力实施旅游品牌工程，在精益求精、提升品质上下功夫，以人为本，注重细节，服务先导，向精细化、个性化、信息化方向发展，实现旅游服务由粗放发展向精致提升转变，打造旅游服务品牌，不断满足广大消费者的旅游需求，提升旅游行业的核心竞争力。

（五）统筹推动深度融合，积极构建电商旅游融合发展体系

依托电子商务平台的信息化、网络化优势，发挥旅游商贸各类资源优势，集合技术、人才、产业、资本、政策等发展要素，积极实践旅游业发展新模式，积极推动旅游业与电子商务深度融合，将电子商务融入餐饮、住宿、娱乐、会展、街区服务等特色产业，抓住城镇化、信息化、"互联网＋"等战略机遇，加速推动传统旅游企业转型升级，加快推动旅游业与相关产业融合，充分发挥其他产业资源优势，助力旅游经济发展，不断拓宽旅游服务功能，不断催生新技术、新产品、新业态，推动电子商务、旅游产业和商贸物流等相关产业共同发展，不断延伸旅游经济辐射领域和服务空间，发挥产业带动效应。积极融入"一带一路"建设，加强与"一带一路"国家和地区的旅游经济合作交流，积极借鉴先进的旅游管理经验和旅游经济模式，加大旅游创新成果的推广应用，服务经济社会发展。大

力发展跨境电子商务，大力发展跨境旅游，形成更完善的旅游经济发展体系，不断提升旅游经济的带动力、创新力和影响力，为旅游经济发展增添新动能和新活力。

第八节　特色旅游产品培育与旅游经济发展

旅游经济发展近几年得到了广泛关注，很多地区都在积极进行旅游经济发展尝试。在市场经济体制下，特色旅游产品培育与旅游经济发展间存在密切关联，特色旅游产品培育对旅游经济发展的促进性作用也越发明显。通过对部分地区旅游项目与旅游经济发展状况进行分析可以发现，特色旅游产品培育难度相对较大，且特色旅游产品培育中很容易出现一些具体的误区和问题。本节将对特色旅游产品培育与旅游经济发展关系进行分析，并就如何进行特色旅游产品培育提出合理建议。

得益于旅游经济发展带来的巨大红利，很多地区都在积极促进旅游经济发展。成熟景区的发展能够较好促进区域内旅游经济的发展，特色旅游产品培育也可以为旅游经济发展提供很多帮助与支持。但特色旅游产品培育的现实难度相对较高，在特色旅游产品培育上进行系统创新也比较困难。鉴于此，探寻出旅游经济发展视角下，特色旅游产品培育的有效策略具有重要意义。

一、特色旅游产品培育与旅游经济发展的具体关系

特色旅游产品培育与旅游经济发展之间存在正相关关系，通常来说，特色旅游产品培育状况较为良好时，特色旅游产品的类型与数量便相对较多。特色旅游产品销售收入作为一种旅游经济收入，其自然可以较好地促进旅游经济发展，甚至为旅游经济发展提供新的途径。而在特色旅游产品培育状况相对较差时，旅游经济发展对传统旅游资源的依赖性便十分明显，旅游资源优势也会成为左右旅游经济发展的绝对性因素。但特色旅游产品培育需要政策、资金等多个层面的支持，同时也需要社会力量的参与，这就导致特色旅游产品培育变的相对困难，成熟的特色旅游产品培育也并不简单。新时期，旅游经济进一步发展的紧迫感较为明显，借助特色旅游产品培育来促进旅游经济发展的做法也十分可取。如何培育好特色旅游产品，借助特色旅游产品培育促进旅游经济发展也是值得思考的重要问题。

二、旅游经济发展视角下特色旅游产品培育的策略

（一）挖掘地方特色产品的旅游产品特色

在旅游经济发展视角下，特色旅游产品的培育可以将文化属性凸显作为一个大方向，文化本身的经济价值较高，文化属性也可以成为特色旅游产品本身的一种特色和卖点。因此，挖掘地方文化特色等进行特色旅游产品培育的做法较为可行，这种做法也会较好的规

避特色旅游产品培育中的风险。例如，乐山市旅游经济发展中结合乐山大佛这一景点，将佛教文化融入到了系列特色旅游产品培育进程之中。巴蜀文化、佛教文化在相关特色旅游产品培育中的融入，一方面增加了旅游产品的文化韵味，另一方面则较好地提升了特色旅游产品的经济价值。不同地区具有不同的地域文化特征，挖掘地方文化、民族文化以及旅游资源特点，进行特色旅游产品开发的做法应当进一步推广。在文化韵味的不断提升下，特色旅游产品的经济价值提升也能更好地刺激旅游经济发展。

（二）鼓励特色旅游产品企业的发展

特色旅游产品的培育需要政府予以较好引导和支持，但也离不开社会资本的参与，企业也应当在特色旅游产品培育中发挥出积极作用。例如，吉林市政府在棋盘山生态旅游项目建设中大力引进相关企业，除了专门的生态旅游项目开发企业外，特色旅游产品生产、销售企业数量也不断增加，政府提供的一些税收优惠也有效提升了相关企业在特色旅游产品培育上的积极性，在企业的较好参与下，特色旅游产品的培育压力不断缓解。更为重要的是，一些经验较为丰富的旅游产品生产、销售企业综合实力较为强劲，其所推出的特色旅游产品在市场上的销售状况也较为良好。因此，在旅游经济发展视角下，特色旅游产品的培育需要相关企业的广泛参与与配合，这也能够大大提高特色旅游产品培育效率，减小特色旅游产品培育中的资源投入规模。

（三）强化特色旅游产品的宣传与推广

在特色旅游产品培育中，宣传与推广的作用不容小觑，除了进行特色旅游产品的设计、生产与销售外，宣传与推广也应当成为基础性工作，在旅游项目的形象宣传中，特色旅游产品的宣传与推广也能够为培育性实际工作有效地提升提供很大帮助。除了在传统途径上进行特色旅游产品的宣传与推广外，还需要地方政府与相关企业更多地在线上进行特色旅游产品的宣传与推广。单纯在旅游景区内进行特色旅游产品销售带有很强的局限性，且特色旅游产品的宣传、推广与营销活动开展也会受到影响。因此，通过特色旅游产品的宣传与推广，让更多人获取到特色旅游产品相关信息，在商业宣传与推广等营销手段的加持下，特色旅游产品的经济附加值、实际销量等都可以得到进一步提升，特色旅游产品培育也可以更好地促进旅游经济的发展。

地方政府，特别是文化和旅游主管部门不仅要给予旅游经济发展应有关注，同时也要认识到特色旅游产品培育的重要性，并积极进行特色旅游产品培育尝试。市面上的特色旅游产品类型与数量繁多，而特色旅游产品培育中，创新应当成为一个永恒的主题，提升旅游产品本身的特色，才能够较好地促进旅游经济发展。值得注意的是，特色旅游产品培育需要多个层面的投入，在特色旅游产品培育中，政府及相关部门也应当进行科学规划，将特色旅游产品培育同实际意义上的旅游经济发展更好地联系在一起。

第三章 旅游经济影响与经济效益

第一节 旅游对经济的影响

旅游业已成为世界上吸纳就业人口最多、创造直接和间接收入最大的一个产业,在21世纪初全球旅游业的从业人员已经超过3亿人,占世界总就业人口的1/10,总产出超过了1.5万亿美元(世界经济总产出约为40万亿美元)。正因为它能为旅游目的地或企业带来巨大的经济利益和社会效益,因此旅游业得到了各国政府和企业如此的重视,成为了世界上大多数国家着力发展的行业和各国经济发展的一个重要助推器。本章主要从宏观角度运用乘数理论和旅游卫星账户,就旅游业对旅游目的地国家或地区经济的影响进行剖析,并在此基础上对旅游企业的微观经济效益进行了一定分析,通过对现有企业经营现状的评价,及时发现问题,为企业和个人对旅游业投资评价及改善经营提供了必要的手段和依据。

一、旅游与地区经济

(一)旅游对客源地的经济影响

旅游对地区经济的影响首先表现在客源地这个空间内。客源地虽然不是旅游活动的主要空间地,但却是旅游需求产生地。当一个地区形成了一定规模的旅游需求后,会进一步加速这个地区的社会分工。从满足旅游需求的角度出发,那些为旅游需求提供相关服务的产业组织相继形成,如旅游批发商、旅游代理商和旅游零售商。一个地区旅游需求规模越大,与之相适应的旅游产业组织的规模就越大。通过这种组织形式与旅游目的地形成了某种经济联系,当这种经济联系达到一定程度后,也为客源地的旅游企业向目的地的经济扩张创造了条件。大量事实说明,客源地在旅游发展的初期,由于旅游者对外部需求的形成,导致产生地区内的经济收入流向旅游目的地的现象,出现地区财富和收入的转移。当旅游发展进入成熟阶段后,旅游客源地不仅会形成国民收入向目的地的转移,而且会形成资本与技术向旅游目的地的流动。特别是跨地区跨国界旅游企业的形成,在一定程度上为旅游客源地的旅游经济创造了空间发展的机会。

（二）旅游对目的地的经济影响

旅游对地区经济的影响更多地表现在对旅游目的地的影响上。由于旅游目的地是人们旅游活动的承载空间，以旅游设施供给为主体的旅游经济体系主要集中在旅游目的地内，而且旅游者的主要消费也发生在旅游目的地。因此，相对于旅游客源地，旅游对旅游目的地的经济影响会更多一些。当旅游者对某个地区形成了旅游需求，并通过各种旅游组织方式前往旅游目的地进行旅游消费时，对于旅游目的地来讲，便产生了一种非地区性的外部市场，这个非地区性的外部市场为本地区经济创造了一种服务贸易，并以此来获取地区以外的经济收入。

如果旅游者是在发达地区与不发达地区之间流动，通过旅游者的旅游消费行为可以形成财富在不同地区之间的重新分配，并以此缩小发达地区与不发达地区之间的经济差距。由于经济发达地区在经过工业化的洗礼后，人们的生存环境以及生活质量都在工业化社会的挤压下逐渐降低，因此人们更向往原始的生活环境，向往一种非工业化的生活。而经济不发达地区往往是非工业化的地区，自然环境和生态环境没有受到工业化的影响和破坏，旅游资源更具有原始性，与同一些经济发达地区的旅游地相比较，这些地区更具有旅游贸易的比较优势，更具有市场竞争力。当条件具备时，经济不发达地区的旅游贸易比商品贸易更能有效地促进地区经济的发展，旅游经济更容易成为该地区经济的支柱，成为该地区经济发展的一个重要领域。

旅游对目的地的经济影响取决于旅游者的需求数量以及旅游需求的基本消费特征。从旅游需求规模来说，当更多的旅游者对一个特定的旅游目的地形成需求集中时，这个地区的国民经济可能由于旅游经济的发展而长足发展。世界上具有旅游资源天然条件的地区，如太平洋群岛国家，其优越的海滨度假条件，成为世界上主要经济发达国家旅游者度假旅游的少数旅游目的地之一。在这些国家，由于有强大的旅游需求，旅游经济在国民经济中占有重要的地位，因此旅游收入成为这些国家国民经济的主要收入来源，如塞舌尔群岛旅游收入占国家 GDP 的 40% 左右。在需求规模一定的情况下，旅游需求基本消费特征，如旅游者类型、停留时间、旅行方式和活动内容都会对这个地区的旅游经济产生总量影响。相对于那些仅仅为其他地区提供参观项目的旅游地来说，自成体系的旅游目的地因能为旅游者提供丰富多彩的旅游活动和令旅游者满意的服务项目，旅游收入将会呈现出更大幅度地增长，对国民经济的作用更大。对于那些经济不发达地区，外部市场的旅游需求则会大大刺激当地的旅游开发建设，通过旅游的开发来改善经济环境。

二、旅游与国家经济

（一）旅游对国家经济的影响

当旅游活动随着地域的延伸成为跨国界旅游时，旅游对地区经济的影响便成为对国家经济的影响。国际旅游是一种无形服务贸易，通过旅游者在不同国别之间的流动，可使外汇从客源地国家流向目的地国家。对于客源地国家来说，通过跨国旅游者的旅游行为，形成了外汇的国际支出；对于目的地国家来说，通过为入境旅游提供相关服务，形成了外汇的国际收入，直接对国际收支平衡做出贡献。当一个国家的财富通过旅游消费的形式流入另一个国家时，便为这个国家创造了国际出口贸易额，使国家、企业及居民产生了收入。

由于国际旅游的经济特性，使得世界上多数国家致力于国际入境旅游的发展。世界旅游经济发展的实践表明，国际的旅游对不同国家的国际收支影响是不同的。对于那些经济欠发达但是具有发展国际旅游得天独厚条件的国家来说，受人们可支配收入的限制，出境旅游远远小于入境旅游人数，旅游便成为国际收支的一个重要来源；相反，对于那些经济比较发达并且具有出国旅游消费习惯的国家来说，到经济欠发达国家的旅游人数远远大于欠发达国家到该国家的旅游人数，旅游便成为这些国家国际支出的重要部分。

从表面上来看，由于经济发达国家与经济欠发达国家人们可支配收入之间的差异，使得经济欠发达国家在国际收支方面处于有利的地位。通过国际旅游，一方面可以缓和由商品贸易引起国际贸易的不利影响；另一方面利用资源的初级配置，形成了旅游贸易的比较优势。经济欠发达国家在国际旅游经济中比较利益的存在，将大大刺激这些国家发展国际旅游的积极性。

（二）国际旅游收入漏损

然而，如果我们不是从旅游收入来分析，而是从旅游资本关系来分析，就会发现国际旅游对于经济欠发达国家来说未必是经济的。在国际旅游经济中，不仅会存在社会财富从经济发达国家流入经济欠发达国家的现象，同时也会存在与旅游经济相关的商品和技术从经济发达国家流入经济欠发达国家的现象。也就是说，经济欠发达国家的国际旅游经济不仅存在着外汇收益，也会存在外汇漏损。旅游收入漏损是指旅游目的地国家或地区的旅游部门和企业，用于购买进口商品和劳务，在国外进行旅游宣传，支付国外贷款利息等原因而导致外汇收入的减少。

收益与漏损同时存在是经济欠发达国家在国际旅游发展过程中一种共同的经济现象。经济欠发达国家的国际旅游收入漏损主要有以下几种途径。首先，经济欠发达国家的旅游企业和相关组织因提供旅游服务的需要从其他国家进口相关产品和劳务而形成的漏损。比如，经济欠发达国家由于本国经济体系和生产结构不完善，必须支付外汇从国外进口某些设施设备、原料、物料和消费品等，才能保证经营国际旅业所需的物资和设备等；为了开拓国际旅游市场，争取更多的国际旅游客源，需要直接在海外进行旅游宣传促销，就要用外汇支付海外促销费用、海外常驻旅游机构活动费用和人员的工资等。其次，经济欠发达国家为了旅游管理的需要，从国外引进旅游投资以及旅游管理集团所形成的漏损。如在大量引进外资进行旅游基本建设和旅游项目开发的同时，每年又必须拿出大量外汇用于还本付息、支付投资者红利等；为提高经营管理水平，在引进管理技术和管理人才的同时，又必须以相当数量的外汇支付外籍管理人员的工资、福利等管理费用及海外旅游代理商的佣金、回扣等。最后，由于国外旅游企业跨国经营的介入，造成经济欠发达国家形成旅游外汇的流失。

经济欠发达国家国际旅游收入漏损的大小取决于其旅游经济体系的完善程度。如果经济欠发达国家在国际旅游发展过程中，仅仅考虑了旅游接待体系的建立，而没有形成完善的旅游经济体系，那么与旅游经济活动相关的物资、技术、商品和管理都要依靠经济发达国家来提供，经济欠发达国家由国际旅游所获得的比较利益将大大减少，这时，经济欠发达国家将成为经济发达国家旅游再生产中的一个组成部分。因此，经济欠发达国家要想获得与经济发达国家国际旅游的比较优势，减少旅游收入漏损的根本途径，就是要围绕着国际旅游产业不断完善旅游经济体系，促进与旅游相关的配套产业的发展，为旅游产业提供所需的商品、物资和服务，减少对国外商品进口的依赖。同时，建立旅游管理模式，培养自己本国的旅游管理人才。

三、旅游乘数效应

在对旅游对国民经济的影响研究中，世界各国的学者都十分关注乘数理论，借用乘数理论来研究旅游对一个地区或一个国家的经济影响。乘数理论最初是由美国经济学家卡恩（Kahn）提出来的，后来经凯恩斯（Keynes）得到普遍推广。

（一）乘数效应与旅游乘数

（1）乘数效应。乘数（Multiplier）又可译作倍数，在现代经济学中用于分析经济活动中某一变量的增减而引起经济总量发生连锁变化的反应程度。在经济运行过程中，常会出现这样的现象，一种经济量的变化，可以导致其他经济量相应的变化。这种变化不是一次发生，而是一次又一次连续发生并发展，如一笔原始花费进入某一经济领域后，会流通再流通，经过多次循环，使原来那笔货币基数发挥若干倍的作用。这种多次变化所产生的最终总效应，就称为乘数效应。

经济活动中之所以会产生乘数效应，是因为各个经济部门在经济活动中是互相关联的。某一经济部门的一笔投资不仅会增加本部门的收入，而且会在国民经济的各个部门中引起连带反应，从而增加其他部门的收入，最终使国民收入总量成倍地增加。由此可见，某一行业的发展必然会促进一系列同该行业相关的间接部门的生产，从而带动整个国民经济的协调发展。

旅游乘数效应是用来衡量旅游收入在国民经济领域中，通过初次分配和再分配的循环周转，给旅游目的地国家或地区社会经济发展带来的增值效益和连带促进作用的程度。自20 世纪 60 年代以来，旅游业在全世界发展迅速，并成为许多国家重要的经济产业之一，对其他经济部门和整个社会经济产生了较大的促进和带动作用。因此，旅游经济学家把乘数效应概念引入到旅游经济活动的分析之中，从而产生了旅游乘数效应的概念。

（2）旅游乘数。旅游业对其他相关行业的依赖性很强，只有得到其他部门的支持，才得以存在和发展，同时旅游业的发展也反过来促进相关部门的生产，如交通业、制造业、建筑业、农业、轻工业和手工业等，从而带动整个国民经济的发展。正是由于旅游业的发展，对其他与旅游业间接有关的部门也产生了影响，增加了这些部门的收入，因而，可在经济整体上用旅游乘数来衡量旅游业的地位和作用。

通常，旅游者的一笔消费支出进入旅游经济运行系统后，经过多个环节，在国民经济各部门中引起连锁反应，从而增加其他部门的收入，最终使国民总收入成倍增加。这种通过旅游者花费对某一地区旅游业的货币注入而反映出来的国民收入的变化和经济影响，就是旅游乘数效应。

（二）旅游乘数效应的 3 个阶段

根据 WTO/Howard（1981）、B.Archer（1982）所指出的，外源性旅游花费注入目的地经济后，有一部分将漏损出目的地经济系统的循环，余额则在目的地经济系统中渐次渗透，依次通过直接花费、间接花费和诱导花费发挥直接效应、间接效应和诱发效应刺激目的地的经济发展。因此，旅游乘数效应可以分为 3 个阶段。

（1）直接影响阶段（直接效应）。旅游者在整个旅游活动过程中需要购买相应的产品和服务，为购买这些产品和服务而发生的支付就形成了提供这些产品和服务企业的营业毛收入。如旅行社、饭店、餐饮业、交通部门、邮电部门及参观游览部门等都会在旅游收入初次分配中获益。旅游花费对经济系统中这些企业或部门在产出、就业等方面造成的影响称为旅游消费的直接效应。

（2）间接影响阶段（间接效应）。营业毛收入除了用于购买国外的产品和人力外，大部分还是留在了旅游目的地国家或地区。其中直接受益的各旅游部门和企业在再生产过程中要向有关部门和企业购进原材料、物料设备；各级政府把旅游中缴纳的税金投资于其他企事业、福利事业等方面，使这些部门在不断的经济运转中获得效益，从而间接地从旅游收入中获利。因此，所谓旅游消费的间接效应就是指直接旅游收入在目的地经济内流转过程中对当地相关企业或部门的收入、就业等的影响。

（3）诱导影响阶段（诱发效应）。无论是直接还是间接为旅游提供服务的旅游部门或其他企事业的员工，把获得的工资、奖金等用于购买生活消费品或用于服务性消费的支出，都促进了相关部门和企事业的发展。而那些从旅游收入的分配与再分配过程中受到间接影响的部门和企事业在其再生产过程中又不断购置生产资料，从而又推动了其他相关部门生产的发展。这样，旅游收入通过多次的分配与再分配，对国民经济各部门产生着连锁反应，成为旅游消费的诱发效应。

（三）旅游乘数的衡量模式

虽然各轮旅游再花费的时间是一个不确定的数，对旅游花费的效应进行分析具有一定的难度，但是研究者还是设计了一些旅游乘数的衡量模式，从不同侧面衡量旅游对国民经济产生的相应影响。英国学者道格拉斯提出了收入乘数、产业乘数和就业乘数 3 种模式。

（1）旅游收入乘数。它说明旅游者到旅游目的地旅游消费支出的每一增加单位对当地经济收入水平的影响，该乘数表明一地区旅游业的发展对整个地区营业总收入的作用和影响。旅游者在旅游目的地的消费是旅游目的地收入来源的一个重要组成部分，这种直接收入会引起相关服务业、商业营业额的增长。而相关服务业的收入增加会引起政府收入和在相关商业服务业工作居民家庭收入的增加，这种由于旅游者旅游消费所引起的一系列政府收入、企业收入和居民收入的增加是旅游收入乘数效应作用的具体表现。

（2）旅游产业乘数。它是指旅游企业收入增加而引起相关产业所产生的经济总量的增加数量之间的比率关系，表示一个特定地区旅游业的收入对整个地区经济总量增长的影响。根据世界旅游组织估计，当旅游者消费产生后，形成旅游地的旅游收入将首先在向旅游者提供食、住、行、游、购、娱消费项目的旅游企业间进行分配，这是旅游收入对产业的直接影响阶段；由于旅游企业在获取收入的同时，也存在着对相关产业的消费，从而推动通信、食品、纺织、建筑、农业等与旅游间接关联的产业以及企业收入的增加，这是旅游收入对产业的间接影响阶段。

（3）旅游就业乘数。旅游就业乘数有两种计量方法，一是指每单位外源性旅游花费所导致的全部就业人数；二是指增加单位旅游收入所创造的直接与间接就业人数之间的比率关系，即"（直接就业人数＋继发就业人数）/直接就业人数"。因此，进行旅游就业乘数的国际比较时要注意所用的乘数究竟是第一种乘数还是第二种乘数，如果所用的是第一种乘数，则需要进行相应的换算。旅游乘数的大小将随着目的地的经济规模、经济结构、目的地各经济部门之间的关联程度、旅游者花费模式的变化而不同。

（四）旅游乘数理论的局限性

虽然乘数理论被广泛地用来评估旅游业对接待国或地区的经济影响，但同时也存在以下几方面的局限性。

（1）乘数理论不以分析旅游接待国或地区的产业结构、经济实力为基础，而实际上，不同的经济背景会产生不同性质和不同量值的乘数。如果接待国或地区经济实力很强、技术先进，并且生产门类齐全，经济上自给的程度很高，不论从数量上还是质量上都能满足国内或地区企业、居民及外来旅游者对各种物质商品和服务的需要，那么便有可能使通过旅游消费所带来的收入尽可能多地留在国内，减少对进口商品和服务的购买。自给的程度越高，旅游乘数数值就越大，乘数效应就越强劲。反之，如果接待国或地区经济落后，生产门类不全甚至单一化，不能满足人们对有关商品和服务的需要，那么，该国或地区势必会在相应的经济领域过度依赖进口，乘数效应就必然很微弱。而且，经济规模越小，产业关联越弱，边际进口倾向就越高，乘数效应也就越不显著。

（2）乘数理论的前提条件之一是要有一定数量的闲置资源和存货可被利用，以保证需求增加后供给能相应增长。然而，在实际中，由于需求过度膨胀或供给严重不足，使得要满足需求的增长要求就必须从其他经济活动中借用资源（将会减少其他活动的产出）或者从外部进口产品或服务；否则，乘数效应的发挥就会受阻。

（3）旅游乘数理论不足以用来确定旅游业在国民经济中的地位。例如，乘数理论认为所有生产要素对整个社会而言机会成本为零，可以不考虑这些生产要素在其他经济活动中所产生的经济效益，而且乘数效应在其他任何行业中都可能发挥作用，仅仅以旅游业中存在乘数效应这一点并不足以说明旅游业优于国民经济中的其他产业。因而乘数理论很难成为国家对旅游业实行政策优惠和适度倾斜开发的理论基础。

四、旅游卫星账户

所谓旅游卫星账户是英文 Tourism Satellite Account（TSA）在旅游行业内的一种习惯译名，是指按照国际统一国民账户的概念和要求，将因旅游消费引致的产出部分从各个旅游消费相关部门中分离出来，在国民账户之外单独设立一个虚拟账户，以准确测度旅游的经济影响。其实 Satellite 一词也有附属、附加和辅助等意思，旅游卫星账户也可以译成旅游附加账户，即旅游经济除旅游行业外，还需加上其他相关的附属部分，以便更客观、科学地考察旅游业在国民经济中的拉动和带动作用。

（一）旅游卫星账户的基本构成与原则

旅游卫星账户可以通过提供国际通用的具有说服力的关于旅游业产出的确凿事实与数据，提高人们，尤其是政府部门对旅游业的重视程度，为政府的相关公共决策提供依据，并与其他产业部门产出情况相比较等。尽管不同版本的 TSA 目的不同，但是一个完整的TSA 都将提供如下几个方面的数据。

（1）宏观经济变量，如旅游消费总额、旅游消费所产生的旅游业增加值或国内生产总值、旅游就业情况等。

（2）旅游消费的详细数据，这种消费是通过哪些产业、如何通过国内供给和进口加以满足的；将它们综合在 SNA93 所表述的国民账户的供给和使用表中，并考察这些旅游消费与供给是如何连接的。

（3）旅游业的详细生产账户，如旅游就业、旅游活动与其他生产性经济活动的联系。

（4）相关核算数据，可以为与其他产业的比较提供依据。

人们可以从中了解旅游业对 GDP 的贡献率、旅游业的总体规模、旅游活动引致的就业数量、与旅游业相关的公共及私人投资额、国际旅游收入对本国平衡国际收支的贡献以及旅游业所带来的财政税收等信息。

总之，作为一个逻辑严密的国民经济核算和概念体系，旅游卫星账户的作用不仅在于其对旅游业地区经济贡献率分析具有重要的方法论意义，而且它作为一个宏观经济核算的框架和体系，可以深入地为地区旅游业政策分析、模型建立、旅游业生产率测量提供依据。从外在表现形式看，旅游卫星账户是由一些逻辑严密、协调一致的账户表式以及与这些账户相关的概念、定义、分类与核算规则组成的。这些概念、定义与表式规定了旅游活动经济复杂性的内涵与外延，通过它们反映旅游活动参与者的经济行为、各种经济行为的内在联系及经济活动的结果。

具体而言，旅游卫星账户是在不违背 SAN93 基本原则的前提下，以世界旅游组织的《旅游卫星账户：建议的方法框架》（以下简称《框架》）为指南，以一国经济内商品和服务的一般供求平衡为基本出发点，用需求法定义旅游者、旅游消费、团体旅游消费、旅游固定资本总额等概念，用供给法定义特殊的旅游商品与服务、特征旅游活动、旅游增加值、旅游就业等概念，规范旅游统计的范围和方法，建立若干个基本表式以及相关账户和总量指标。这些表式主要包括国内旅游产品供求表、旅游增加值表、旅游花费表、固定资本形成总额表和旅游就业表等。世界旅游组织《框架》中推荐的表式更加详细，包括入境旅游货物花费表（货币交易）、国内旅游货物花费表（货币交易）、出境旅游货物花费表（货币交易）、旅游全过程的总花费表（货币交易与非货币交易）、旅游业的生产账户（净值）、旅游就业表、旅游固定资本形成总额表、集体旅游花费表、实物指标表。简而言之，旅游卫星账户提供了关于旅游活动的广泛概念和核算框架，用于建立一个分析和评估旅游活动经济复杂性的数据库。这个数据库是进行宏观分析、监测旅游活动过程、进行国际与产业间比较和制定决策的先决条件。

（二）部分国际组织开发旅游卫星账户的实践

自提出卫星账户的概念之后，许多著名的国际组织已积极参与到 TSA 的可行性论证、具体技术研究和推动实施的工作中来，主要参与者有经济合作与发展组织（OECD）、WTO 和世界旅游理事会（WTTC）。以上 3 个组织均开发出了自己的 TSA。

（1）WTO——一个适用于所有国家的 TSA 模型。WTO 是联合国下属的政府间国际旅游组织，它在全球 TSA 的开发过程中发挥了主导性作用。WTO 提出的旅游卫星账户由 16 张表格组成，其结构是组合式的，能够提供关于旅游方面的广泛信息。同时，在这套统计体系中，可以随获得数据和其他资源的增加而逐步增加项目。在世界旅游组织的旅游卫星账户中，旅游消费概念包括旅游过程中的所有消费（不管产品和服务的性质如何）、旅游前的花费（只要是为了旅游而发生的消费，包括免疫接种、体检、护照等费用，甚至包括因为旅游而引致的馈赠礼物方面的花费）、旅游后的花费（只要是明显与旅游相关的产品和服务上的花费）。此外，在旅游卫星账户中，世界旅游组织从供给方的角度提出了旅游特征产品、旅游相关产品等概念。其中，旅游特征产品是指在没有旅游活动的情况下将消失或者其消费量将大幅度减少，同时其统计数据又可能搜集的产品，如接待设施、餐饮服务、长途交通及相关服务（如汽车租赁等）、旅行商以及文化和娱乐服务等。旅游相关产品是指那些旅游者参与消费并且消费额在其总消费额或者在销售者的总销售额中占有较大比重，但并未被包括在旅游特征产品中的产品，如出租车服务和不具有普遍意义的地方手工艺品及纪念品。

（2）OECD——早期的创始者。OECD 宣称，全球 70% 的旅游活动是在其成员国范围内进行的，旅游业是 OECD 服务业中的重要组成部分，占国际服务贸易的比例达 30%以上。

1998 年，可将就业和耐用消费品部分单独分离出来的 OECDTSA 草案出台。这个体系包含有 14 张相互联系的表格，它能够展示出对旅游产品的需求如何通过旅游业与旅游产品的供给相联系，其关于就业的子模型引起了各国的普遍关注。

（3）WTTC——创立一套动态的商用统计工具。在私营部门中，作为国际旅游界主要企业代表的 WTTC，可能是最热心于建立和推广 TSA 的组织。为了提高各国政府对旅游业的重视，它在过去的几年中已为开发和宣传其所称的"旅游卫星统计账户"投入了200 万美元。WTTC 的旅游卫星账户从产业的角度界定了"旅游消费"的概念，认为旅游消费包括以下几个方面：个人旅游支出（包括本国居民购买诸如住宿、交通、娱乐、餐饮、金融服务等与旅游相关服务的以及为旅游活动而准备并使用的耐用品以及非耐用品的花费）、商务/公务旅游支出（指在商务或政府公务之余产生的具有个人消费特征的包括交通、住宿、餐饮、娱乐等在内的旅游消费支出）、政府支出第一类（指艺术馆等文化部门、国家公园、海关及移民局等为游客服务部门的开支）、旅游出口（主要指国际游客在目的地经济中购买产品和服务而发生的花费）；从经济的角度界定了"旅游需求"的概念，认为旅游经济不仅包括以上所指的为游客提供的产品和服务，而且包括为该产业提供的相应的产品和服务，即包括政府支出第二类（同样是指与旅游相关的政府机构和部门的开支，但是这些开支主要是出于公共目的，面向整个目的地的，如旅游促销、航空管制、安全和医疗保障等）、资本投资（指私人部门或政府部门为提供游客所需要的设施、设备以及基础设施进行的投资）、非旅游产品出口（是指游客购买的诸如服装、电器或汽油等最终消费品以及飞机、游船等提供给国外旅游相关供给厂商的资本品）。

WTTC 在宣传旅游业的经济贡献、提高大众对旅游业的认识方面起了很大作用。自1991 年以来，WTTC 出版了 20 多份旅游影响分析报告并积极通过媒体宣传 TSA，目前已为超过 150 个国家提出初步的模拟账户统计结果。WTTC 宣称，其 TSA 已在国际研究界取得信任，在数据充足的情况下，可在 4～6 个月为需要引入 TSA 的国家和地区建立起完整的 TSA，并能为账户的创立者和结果使用者提供"手把手"的培训。

（三）旅游卫星账户在中国的实践

由于 WTO 的旅游卫星账户在许多技术细节问题上还存在分歧，而且从实践看，引入旅游卫星账户的主要是发达国家和旅游发达的小国。对于中国这样的发展中大国，改变旅游统计体系并非易事，所以目前我国尚没有采用旅游卫星账户。但是一些省市已经就旅游卫星账户进行了有益的探索。近日，国家旅游局和国家统计局在南京联合召开了"江苏省旅游卫星账户"课题成果终期评审会，专家学者一致通过这一开拓性的重大科研项目，并高度评价了"江苏省旅游卫星账户"，认为这一课题成果是我国旅游统计工作史上一件具有里程碑式意义的大事。"江苏省旅游卫星账户"课题研究历经三年多的时间，在缺乏国际地区旅游卫星账户理论指导的情况下，依据国际推荐标准《旅游卫星账户：建议的方法框架》和我国国民经济核算体系，建立了我国第一个省级旅游卫星账户的理论和实践框架，填补了我国在旅游卫星账户研究和应用方面的空白，具有开拓性和创新性；创建了既符合国际旅游卫星账户规范文本，又与我国现行统计体系接轨的江苏省旅游卫星账户表式；同时以 2002 年度江苏旅游统计公报和有关调查数据库资料为基础，形成了旅游业增加值占 GDP 的比重为 4.2%、旅游就业人数占社会就业人数的比例达 8.5% 的总量指标；并在游客出游前后的消费、旅游实物社会转移、区域游客流量测算以及在入境旅游、出境旅游和国内旅游各种消费结构数据和供给流量等方面取得了深入的分析成果和新的研究成果，对我国现行的旅游统计调查制度与国际先进水平的对接，具有广泛的应用与推广价值。

"江苏省旅游卫星账户"课题成果通过终期评审后，国家旅游局将要组织一批省区市推广江苏的经验，使这项成果在面上更多地开花结果；另外，也将借鉴江苏的经验，尽快着手建立国家级旅游卫星账户的课题研究工作。WTTC 曾经于 1998 年利用卫星账户的方法来研究中国的旅游业，发表了《中国及香港特别行政区：旅游行业对经济的影响》的专题报告，并在每年的国家报告部分中对中国旅游经济发展进行了相关测算。

第二节　旅游收入

旅游收入是旅游经济活动的重要内容，它一方面反映了旅游者的旅游需求通过旅游经营者的旅游供给而不断得到满足，另一方面体现着旅游产业部门和企业在生产经营活动的价值运行与价值实现过程中自身的不断发展。

一、旅游收入的概念

旅游收入是指旅游目的地国家或地区在一定时间内（以年度、季度、月度为单位），从旅游产品的销售中所得到的全部货币收入的总和。或者说，旅游收入是旅游目的地国家或地区向旅游者提供旅游资源、设施设备、交通工具、旅游劳务和旅游购物等所换取的货币。

旅游收入直接反映了某一旅游目的地国家或地区旅游经济的运行状况，是衡量旅游经济活动及其效果一个不可缺少的综合性指标。它从总体上反映了旅游目的地国家或地区在一定时期内的经营成果，是形成旅游利润的基础，也是判断某一国家或地区旅游业发达与否的重要标志。旅游收入是旅游经济活动中所消耗的一定量的活劳动和物化劳动补偿部分，这部分补偿越充分，就越有利于旅游产品供给者。旅游收入与旅游利润之间存在着密切的联系，在旅游产品生产和经营成本不变的情况下，旅游收入的大小同旅游利润成正比例关系，旅游收入越大，旅游利润就越多；旅游收入越小，旅游利润就越小甚至出现亏损。此外，在国际旅游收入中，旅游外汇收入的大小对减少国家外贸逆差、扩大外汇收入起着举足轻重的作用。

总之，旅游收入反映了旅游经济活动的成果，体现着旅游业对国民经济的贡献，还体现着货币回笼和创汇的状况，是反映旅游经济效益一个极其重要的指标。近十年来，作为第三产业的一个增长点，我国旅游业得到了飞速增长，旅游收入逐年上升。

二、旅游收入的分类

旅游收入综合反映了旅游企业生产经营活动的成果。为了明确地认识旅游收入的内涵，更好地分析旅游经营活动过程、指导旅游企业的经营决策，可以从不同角度对旅游收入进行分类研究。

（一）按旅游收入来源划分为国际旅游收入和国内旅游收入

（1）国内旅游收入。国内旅游收入主要是指旅游目的地国家或地区的旅游经营部门和企业，因经营国内旅游业务，向国内旅游者提供产品和服务而取得的本国货币收入。它来源于本国居民在本国境内的旅游消费支出，是本国物质生产部门劳动者所创造财富的转移和国民收入再分配的结果。它体现着一个国家或地区内经济发展的状况以及国家与企业、企业与企业、企业与居民之间的经济关系。

（2）国际旅游收入。国际旅游收入主要是旅游目的地国家或地区的旅游经营部门和企业，因经营国际旅游业务，向外国旅游者提供旅游产品和旅游服务等所取得的外国货币收入，通常被称为旅游外汇收入。它来源于国际旅游者在旅游目的地国家或地区的入境旅游消费支出，也是旅游目的地国家或地区向外出口旅游产品和劳务所取得的收入，是另一种形式的对外贸易。它意味着旅游目的地国家或地区国民收入的增长，体现着旅游客源国与旅游接待国之间所形成的国际经济关系。

（二）按旅游需求弹性划分为基本旅游收入和非基本旅游收入

（1）基本旅游收入。基本旅游收入是指在旅游过程中，旅游目的地国家或地区的旅游部门和企业通过向旅游者提供旅游交通、食宿、游览景点等旅游产品和服务所获得的货币收入的总和，是每个旅游者在旅游过程中必须支出的费用，对每个旅游者来说是缺乏弹性的，是一种固定性的支出。正是由于这一点，基本旅游收入与旅游者人数、旅游者的停留时间和旅游者的消费水平成正比例变化。在其他条件不变的情况下，旅游者人数越多，旅游者的人均消费支出水平越高，旅游者停留天数越长，旅游目的地国家或地区获得的基本旅游收入就越多。

（2）非基本旅游收入。非基本旅游收入一般是指在旅游活动中，旅游目的地国家或地区的旅游相关部门和企业，通过向旅游者提供医疗、电讯、购物、美容、银行、保险、修理、娱乐、体育等旅游设施和服务所获得的货币收入的总称，是旅游者在旅游过程中可能发生的各种费用支出。旅游者对这一类支出具有较强的选择性和灵活性，并非是每一个旅游者在旅游活动中都必须花费的。因此，这一部分服务项目的需求弹性较大，具有不稳定的特点，是一种可变的支出。对旅游目的地国家或地区来说，非基本旅游收入的增减，虽然也受旅游者人数、旅游者人均消费水平、旅游者停留天数的影响，但不像基本旅游收入那样呈明显的正比例变化，这使得非基本旅游收入具有很大的不稳定性。

由于基本旅游收入具有相对刚性的特征，而非基本旅游收入则具有较大的弹性特征，因而两者在旅游收入总量中所占比重的大小成为衡量一个国家或地区社会经济发展程度和旅游业发展水平的重要参考指标之一。

（三）按旅游收入构成划分为商品性旅游收入和劳务性旅游收入

（1）商品性旅游收入。商品性旅游收入主要指为旅游者提供物质形式的旅游产品而得到的收入，包括销售旅游商品和提供餐饮等所获得的收入。商品销售收入是向旅游者销售旅游商品而得到的收入，包括销售各种生活用品、工艺美术品、药品、书报杂志等得到的收入；餐饮销售收入主要指为旅游者提供膳食、饮料等而得到的收入。

（2）劳务性旅游收入。劳务性旅游收入一般是指为旅游者提供各种劳务性服务而获得的收入，包括旅行社的业务费收入、住宿费、交通费、邮政通信费、文化娱乐费以及其他各项费用收入。

三、旅游收入指标

旅游收入指标是反映旅游经济现象数量方面的指标，反映旅游经济现象的水平、规模、速度和比例关系。旅游收入指标是用货币单位计算和表示的价值指标，是补偿劳动消耗、实现旅游业再生产的先决条件，也是旅游目的地国家或地区的旅游企业和有关部门掌握和分析旅游经济活动的重要工具。在旅游业中，经常使用的旅游收入指标主要有以下几类：

（1）旅游收入总量指标，指在一定时期内，旅游目的地国家或地区的旅游经营部门和企业，向国内外旅游者出售旅游产品和其他服务所获得的货币收入的总额。这一经济指标综合反映了该国家或地区旅游经济的总体规模状况和旅游业的总体经营成果。

（2）人均旅游收入指标，指某一时期内旅游收入总量与旅游者人次的比值。它反映了旅游目的地国家或地区在一定时间内，平均从每一个旅游者消费中所获得的收入，即旅游者在旅游目的地国家或地区旅游活动过程中的平均货币支出额，反映了旅游者的平均消费水平和旅游目的地国家或地区平均提供旅游产品和其他劳务的价值量。

（3）旅游外汇收入指标，指在一定时期内旅游目的地国家或地区向海外旅游者提供旅游产品和其他劳务所获得的外国货币收入的总额，也是外国旅游者入境后的全部消费总额。旅游外汇收入指标是衡量一国国际旅游业发展水平的重要标志之一，又是反映该国旅游外汇能力的一项综合性指标。在国际旅游业中，它常被用于同外贸商品出口收入和其他非贸易外汇收入进行比较，以说明一国国际旅游业在全部外汇收入中的地位和对弥补国家外贸逆差所做的贡献。

（4）人均旅游外汇收入指标，指一定时期内该国家或地区旅游外汇收入总额与该国家或地区接待的海外旅游者人次的比值。它反映了一定时期内，旅游目的地国家或地区平均每接待一个海外旅游者所取得的旅游外汇收入额，即每一个海外旅游者在旅游目的地国家或地区境内的人均外币支出额。这一指标主要用于分析比较不同时期接待海外旅游者的外汇收入情况。

（5）旅游换汇率指标，指旅游目的地国家或地区向国际旅游者提供单位本国货币的旅游产品所能换取外国货币的数量比例。通常，旅游换汇率与该国家或地区同期的外汇汇率是一致的。在不同的时期，外汇比价不同，旅游换汇的数值也就不同。在国际经济交往中，旅游外汇收入属于非贸易外汇，换汇成本低于贸易外汇，即以一定数量货币表示的出售给国际旅游者的旅游产品，要比同量货币表示的出口一般商品能换取到较多的外汇收入。旅游换汇率指标反映了旅游外汇收入对一个国家或地区国际收支平衡作用的大小，越来越引起各个国家和地区，特别是发展中国家和地区的高度重视。

（6）旅游创汇率指标，指旅游目的地国家或地区在一定时期内经营国际旅游业务所取得的非基本旅游收入与基本旅游收入量的比率。国际旅游者来到旅游目的地国家或地区购买基本旅游产品，同时引起对非基本旅游产品的购买，使旅游目的地国家和地区增加了外汇的收入。旅游创汇率与非基本旅游收入成正比，与基本旅游收入成反比。这一指标数值的高低，既反映了旅游目的地国家或地区产业结构、经济体系的完善程度，也反映了该国家或地区旅游业的发达程度和创汇的能力与潜力。

通过上述指标，结合一定时期内接待旅游者的数量、构成、消费水平等指标，可以为旅游经营者掌握旅游发展的规模、速度、结构和水平，制定旅游发展规划，选择最佳旅游市场提供依据和信息，从而不断提高旅游业的经营管理水平和旅游企业的经济效益。

四、影响旅游收入的因素

旅游业是一个关联性、依赖性较强的行业。由于各种社会经济现象和经济关系等多种因素不同程度的影响，使得某一旅游目的地国家或地区在一定时期内的旅游收入和旅游外汇收入量都出现不同程度的高低变化。具体来讲，影响旅游收入的因素主要有以下几方面：

（1）接待旅游者人数。在正常情况下，旅游收入与接待的旅游者人数成正比例关系变化。虽然旅游者的个人消费水平由于其收入水平和支付能力的不同会产生较大差异，但接待旅游者人数增加，会使旅游收入的绝对数增加；接待旅游者人数减少，旅游收入也随之减少。

（2）旅游者支付能力与平均消费水平。在旅游接待人数既定的条件下，旅游者的支付能力和人均消费水平是旅游目的地国家或地区旅游收入增减变化的另一决定因素。旅游者的平均消费水平和支付能力与旅游目的地国家或地区的旅游收入呈正比例关系变化。

（3）旅游产品质量和旅游资源的吸引力。旅游目的地国家或地区旅游资源的丰富程度、开发程度、旅游产品特色是吸引旅游者的重要方面；而旅游产品的质量和品位高，又是吸引旅游者进行购买的重要原因。

（4）旅游者在旅游目的地的停留时间。在旅游者人次、旅游消费水平既定的条件下，旅游者在旅游目的地停留时间的长短对旅游收入的增减有着直接的影响。旅游者人均停留时间与旅游收入之间存在着正比例变化关系。

（5）旅游目的地的旅游价格。旅游价格是影响旅游收入高低一个最直接的因素。它们两者之间存在着密切的依存关系，旅游收入等于旅游产品价格与出售的旅游产品数量的乘积。根据旅游需求规律，在其他条件不变的情况下，不论旅游产品的价格是上涨还是下落，旅游需求量都会出现相应的减少或增加。为了测量旅游需求量随旅游产品价格变化而相应变化的程度，就必须正确计算旅游需求价格弹性系数，并根据旅游产品需求价格弹性系数的大小，正确地计算旅游收入。

（6）外汇汇率。外汇汇率是各个国家不同种类货币之间的相互比价，外汇汇率对旅游目的地国家或地区旅游收入的变化产生一定的影响。如果旅游目的地国家或地区相对旅游客源国的货币贬值，即汇率降低，在旅游目的地国家或地区价格未提高的条件下，会刺激该旅游客源国的旅游需求，促进旅游目的地国家或地区的入境旅游人数增加，从而使旅游外汇总收入增加。反之，如果旅游目的地国家或地区相对旅游客源国的货币升值，则汇率提高，那么，将会抑制旅游客源国的旅游需求，导致旅游目的地国家或地区入境旅游者人数减少，从而使旅游外汇总收入降低。由此可见，由于汇率的变化，同量的旅游外汇收入在不同时期会因旅游目的地国家或地区的汇率变化而出现差异，有时差异会较大。因此，在衡量旅游目的地国家或地区的旅游收入时，应注意分析因汇率因素变动而形成的差异。这样，才能使旅游目的地国家或地区在不同时期内所取得的旅游收入更具真实性和可比性。

（7）旅游统计因素。旅游收入有些来自直接旅游部门，有些来自间接旅游部门，由于受诸多因素的影响，致使旅游统计部门所统计出来的旅游收入并不能真实地反映旅游目的地国家或地区所取得的旅游收入。

第四章　现代旅游经济管理的理论研究

第一节　现代旅游经济的研究和管理

随着我国宏观经济的发展和小康社会的逐步实现，大量优质、成熟的旅游资源、设施的开发和运营，我国的现代旅游经济蓬勃发展。本节分析研究了我国现代旅游经济的发展和特点，着重论述了现代旅游管理的目标职能和运营特征，并阐明了我国以专业化产业、集团化规模和信息化经营为主的现代旅游经济管理发展战略，为现代旅游管理和研究提供了理论依据。

一、现代旅游经济活动及其特点

现代旅游经济活动是由旅游群体的消费活动、旅游企业的经营活动、旅游产业的管理活动组成。由系统论方面研究可以得出，现代旅游经济系统，既是所有旅游经济活动内在联系和运营过程的集合，又动态地反映了整个现代旅游经济活动发展的过程和特点。

首先，旅游消费群体通过对旅游项目的选择和消费行动，安全、顺利地完成了旅游项目中所有旅游活动的消费过程，满足了整个旅游群体在旅游活动中的所有需求，并满意整个旅游项目的消费过程和活动过程。其次，旅游企业通过直接或间接提供的各种旅游服务项目的经营活动，安全、有效地保障了旅游群体消费活动的进行和完成。按照现代旅游经济系统企业数理模型的划分，旅游企业的经营服务活动可基本由旅行服务经营企业、交通运输经营企业、旅游接待经营企业三个主要部分组成。而这三个主要部分的旅游企业经营活动，保障和完备了整个旅游群体消费、活动过程的顺利进行。最后，由国家、地方政府按市场规模、产业发展和经济规律，通过宏观调控、行业法规、行政管理和市场规律等产业管理活动，规范和引导旅游产业的市场秩序、旅游企业和旅游群体的活动行为，并在宏观的旅游法规制定、旅游市场开发、旅游管理信息服务、法律法规的介入和裁定等多个方面，为旅游群体的旅游消费活动和旅游企业的经营服务活动，创造和营造出符合经济发展规律的市场和社会环境，从而保证整个旅游产业顺利而有效地进行，实现了旅游产业宏观调控和管理目的。

二、现代旅游经济的管理和目标

我国的现代旅游经济是在 20 世纪 90 年代后期，开始走上了规模经营、产业化发展的道路，也成了国家大力推动和发展的服务性支柱产业。从始至今，我国现代旅游经济的管理，都在积极地寻求、借鉴、吸取欧美日先进旅游经济管理学的科学经验、运作模式、市场操作和工商企业管理，并结合我国的旅游资源、人文文化和民族特色来提高旅游服务产业的品牌质量和旅游服务企业的经营管理水平。

旅游经济管理就是国家为发展旅游经济产业，有序地、引导性地、宏观地进行有计划、有系统、有法规、有调节和有监督的规范适法的管理活动。它具有多层级管理、多构成管理以及多方面管理的内容，始终贯穿现代旅游经济活动的管理事业中。通过对旅游产业经济的过程管理，发展壮大国家第三产业的旅游经济规模、完善民生民计、提高民众幸福指数、推进和谐社会的发展。其中，通过确立国家旅游产业发展目标，建立旅游经济产业管理体系，完善旅游经济事业发展战略，合理开发和利用旅游资源，制订旅游事业发展计划以及完备旅游事业发展的预测、决策和监督职能等方式，达到实现经济转型、产业升级和绿色环保的国家战略发展大计。

国家旅游管理机关和地方政府管理部门，按照经济发展的客观规律，结合我国经济产业的发展需要和社会发展的要求，制定并规划出现代旅游经济的总体目标。运用宏观旅游经济产业调控、组织发展旅游经济产业规划、协调并监督旅游经济产业运营、服务旅游经济产业社会职能等方式，统一规划、组织引导现代旅游经济发展中旅游消费群体、旅游企业、国家、地方旅游经济管理之间的关系。通过现代旅游经济的调控运营与协调发展，提高现代旅游经济的规模效益、服务社会和谐发展效益和生态环保的绿色效益，促进整个旅游经济的良性发展。

三、现代旅游经济管理的发展战略

（一）现代旅游经济管理的专业化产业战略

专业化产业战略是通过政策导向、法律规章、金融运作和组织扶植等方式，引导和培育从事符合自身资源条件的专业产业与产业资本相结合，创造出在旅游经济领域的专业化产业，利用其自身的专业优势和资源优势，使其不断地做大做强、蓬勃发展，形成整个现代旅游经济的规模，支持国民生产总值 GDP 的稳定和提高。专业化产业经营的战略优势就是：整合不可再生的自然资源和人文传承，集中各种专业资源致力于最优势的业务领域，从而开发和培育出优质的现代旅游经济实体和品牌。例如，陕西旅游集团公司倾力打造的大型水上实景歌舞《长恨歌》，就是利用了华清池这个不可再生的文化历史资源，集中了各种专业力量，成功开发的一个集文化与历史于一体的优质品牌项目。通过几年的不断打磨，实景歌舞《长恨歌》不仅是陕西旅游集团的一张亮丽的名片，更成为国内乃至走向国际的一个金字招牌，这可以说是我们在不断探索中打造出的将历史与文化有机结合的一个优质旅游项目品牌。

（二）现代旅游经济管理的集团化规模战略

作为国家第三支柱产业的现代旅游经济管理的集团化，是通过产业规模的集聚形式，依靠产业资源、产业资本的合力，使得产业规模化经营，逐步建成集体化管理战略联盟，构建现代旅游经济的战略航母。

通过产业集聚的集体化规模经营，调整、提高旅游经济的规模体量，更好地服务民生大计，使产业经济规模的特性与生产、消费高度一致，从而提升国家、地区旅游经济的规模和质量，促进现代旅游经济的长足发展。现代旅游经济管理的集团化规模发展，随着宏观调控和市场经济的不断深入，旅游经济产业通过提升、整合和集聚必将呈现出不同程度的一体化态势，实现合纵连横的资源整合和跨区域旅游经济规模的战略发展。

（三）现代旅游经济管理的信息化经营战略

随着网络和电子商务的兴起，现代旅游经济与以互联网——电子商务为代表的新兴产业结合，发展现代旅游经济管理的信息化经营战略，是未来现代旅游经济发展的必由之路。

现代旅游经济管理的信息化经营，是导入旅游资源和资本项目与互联网电子商务平台B2C（Business to Customers）经营模式相结合、实现互联网与旅游经济信息化的经营，从而实现优势互补、低成本、高效率、一站式综合性服务的新型电子商务与实体资源信息化经营模式。这是我国旅游经济信息化管理的发展战略，也是未来现代旅游产业创新经济的可持续发展战略。

第二节　知识经济与现代旅游企业管理

21世纪是知识经济的时代，知识经济在全社会多个领域都得到了广泛的推广运用。旅游业是我国方兴未艾的重要产业之一。在现代旅游企业管理当中，同样少不了对于知识经济的运用。尤其是在信息技术被广泛运用于旅游业的今天，旅游企业管理更是亟待与知识经济之间实现有效整合，创造出现代化的旅游企业管理全新模式。本节专门讨论知识经济与现代旅游企业管理的结合，以期达到现代旅游企业管理的创新。

伴随着我国科技的快速发展，经济水平也在不断地提升。随着市场经济的不断发展壮大和现代科学技术在全社会的不断推广，"知识经济"日益成为21世纪的一个新名词。所谓"知识经济"顾名思义就是把各方面的知识体系与经济发展结合起来。这对于现代化的旅游企业管理来说是具有重要运用价值的，可以有效地推动旅游企业管理的创新。

一、知识经济在现代旅游企业管理的体现

在现代旅游企业管理当中，知识经济的运用主要体现在以下几个方面。

（一）信息化的运用

信息化是 21 世纪科技发展最重要的"标识"之一。给各行各业的发展都带来了重要影响。对于现代旅游企业管理来说，信息化是一个非常重要的管理平台。运用信息化的技术，我们可以实现对于各地旅游资源的共享，可以将各地旅游景点、风土人情等方面的信息进行整合，可以让外界方便地了解到关于各地的旅游信息。可以说它一方面大大提高了旅游企业的管理效率，另一方面大大提升了旅游企业对于消费者的服务效率。可以说是最大限度地实现了旅游企业与消费者之间的双赢。所以作为旅游企业来讲，在知识经济时代，信息化的运用应是特别重要的一个方面。

（二）对于多种资源的整合能力

旅游业本来就是一个涉及交通、餐饮、服务等多种行业的系统工程。所以在知识经济时代，对于多种资源的整合能力是至关重要的。比如，从以人为本的角度来讲，游客在各地和各旅游景点所需的服务包括餐饮、公厕，乃至医疗等多方面。因而作为旅游企业来讲，也需要将这些资源进行有效整合，为游客提供"一条龙"全方位的贴心服务。又如，旅客绝大多数会选择乘坐高铁到达前往的城市，然后再转乘大巴前往要去的景点，此时通过对高铁和公路资源的整合，有利于旅客在换乘的过程当中，能够节省时间和节省精力。这也是提升旅游企业竞争力的一个重要方面。

（三）为游客实行个性化的服务

在市场经济时代，消费者的需求直接决定着企业的业务导向。对于旅游企业来说，也要进一步对市场进行细分，寻找出不同游客群体的具体需求。同时，针对不同游客群体的需求来开展个性化、差异化的服务，这样才能够进一步提升旅游企业的竞争力。事实上，一些游客会有一些特殊的需求，需要我们进行个性化的服务，才能够满足他们的需求。比如，对于一些少数民族的游客，我们在餐饮服务方面就要对他们进行倾斜，满足他们的日常饮食习惯。再如，对于一些年老体弱或身体残疾的游客，我们需要设置一些专门针对他们的服务设施。又如，对于一些外籍旅客，需要专门给他们提供外文标识等。

二、基于知识经济的现代旅游企业管理创新方案

在当前经济背景影响下，旅游行业已经发展到鼎盛时期。知识经济在现代旅游管理当中的运用，也迎来了一个大好的历史机遇。下面我们谈谈基于知识经济的现代旅游管理创新方案。

（一）加强人才建设

人才是落实旅游企业管理的主体，因此加强人才建设是至关重要的。对此我们需要加强与高校及社会各界的合作，使旅游企业管理人员能够夯实各方面的知识，尤其是要掌握经济学、计算机网络技术、心理学方面的知识。事实证明，这些知识体系对于现代旅游业

的发展来说都是很重要的。对于旅游企业的业务管理来说，这些知识体系有利于提升其在激烈市场竞争当中的竞争力。

此外，还要做好人才引进工作。引进一批知识面较广、知识体系丰富且业务能力强的人才，充实到旅游企业当中，提升旅游企业的人才优势。

（二）加强对互联网平台的建设

知识经济时代，互联网在企业经营管理当中发挥的作用也越来越重要。对此，作为旅游企业，我们需要不断加强对互联网平台的建设，从而游刃有余地运用互联网平台来进行企业的经营管理、销售推广等环节。比如，我们可以通过互联网平台，与交通运输企业进行通力合作，对交通运输方面的资源进行整合，实现铁路、公路乃至水运的"一条龙"，让旅客下了高铁、动车之后，直接就能"无缝换乘"大巴或游船到达旅游景区。再如，我们可以通过互联网平台，让旅客一到达目的地，立即就能获取自己所需要的服务资源和服务设施，让他们感受到贴心的服务。

知识经济时代，也给旅游企业管理工作带来了全新的思路。为了有效地提高旅游企业管理的优化程度，不断地提升旅游企业的竞争力，我们就需要把知识经济的思路有效运用到旅游企业管理当中，以此来不断提升管理的效率。

第三节　经济学视角下的政府旅游管理职能

本节主要以经济学视角下的政府旅游管理职能分析为重点进行阐述，结合当下政府旅游管理实际情况，首先分析经济学视角下的政府旅游管理职能现状，其次介绍经济学视角下的政府旅游管理职能制约因素，最后从明确管理内容、处理好政府与市场之间的关系、整合官产学民媒交流几个方面深入说明并探讨经济学视角下的政府旅游管理职能有效思考，进一步提高经济学视角下政府旅游管理职能的发挥效率，旨在为相关研究提供参考。

现代化的经济制度由以往的计划型经济向市场型经济转变，在研究和分析下，市场化经济在企业发展机遇增加的同时增添了困扰，特别是旅游市场的运行与发展，这便需要政府积极地参与其中。由于政府作为市场体系调控的核心力量，旅游业作为重要的一项产业，借助政府的力量可以巧妙地处理好问题。但是，因为政府自身建设尚未完全，可以掌握的信息不够全面，导致政府在旅游管理的工作中存在些许问题，制约着旅游市场的健康运转。所以站在经济学的视角上，明确政府旅游管理职能，按照实际情况，采取有效的解决措施，这些都成为了经济学视角下旅游管理行业的关键点。

一、经济学视角下的政府旅游管理职能现状

（一）信息缺少对称性

信息缺少对称性成为制约政府旅游管理职能发挥比较关键的问题，因为信息的对称性缺失，很大程度上影响了价格制度，难免造成价格机制无法彰显效率性，也不能完成合理的交易。对旅游来讲，其作为一种特殊性的服务形式，不可以在客观的视角上衡量。在旅游者旅游活动开展之前，不能全方位地了解对应信息数据，且现有的信息往往是通过他人的宣传获取，由此造成信息的不对称性。与此同时，旅游现场消费的性质会影响到旅游服务的质量，然而支付价格的制约性没有充分彰显，以至于服务整体水平下降。另外，因为信息缺少对称性，导致诸多的旅游企业以多种方式欺诈旅游者，造成旅行社以及旅游者之间的冲突和矛盾。

（二）公共资源的竞争性凸显

针对公共资源的竞争性日益凸显，站在消费竞争的视角上，其表明在一切公共地区消费的人，其活动表现出负外在的特征，制约到公共资源的具体消费量。即便公共资源中存在负外在性质，公共资源被破坏的现象也比较常见。比如，在旅游地区被开发之后，诸多旅游者参与其中，不可避免地产生资源以及环境被影响的情况。并且由于旅游资源对应的归属权尚未明确，一些企业以获取丰厚利益为目标，往往会过于开发现有资源，且出现疯狂掠夺的倾向。部分景区对应的所有权以及经营权会增加对景区周边的破坏，产生商业化景区，难以保证景区自然特征的体现。

（三）外部性角度

外部性的不足之处便是当事人具备的经济条件不够充足，一方对另一方提出商品的制约。总体来讲，如果人或者企业在活动中没有产生个体的危害，个体和企业并不需要支付更多的钱款，带来的危害便是一种外部性的危害。立足于旅游资源的视角，运行中外部问题比较常见，特别是在经济转型之后，旅游投资存在国有资本的特点，在投资的实践中往往会存在预算不足的现象，所以带来的私人成本要小于社会成本，低水平的建设程度会不断加强。在调查研究中，最近我国成立的涉外旅游饭店的数量在随之增加，然而一半以上的饭店都被出租，由此产生生产总量不足的现象。以上这些作为政府旅游管理职能发挥的不足，要按照具体的情况进行针对性的改正。

（四）旅游行业的合成争端

旅游行业存在合成的争端，其作为经济学分析中比较明显的错误，成为旅游行业中比较凸显的一个问题。在具体的旅游行业发展中，合成争端包括两个层面，首先是价格合成，其次是投资合成。前者是指旅游企业希望以价格的减少增加收益，然而希望其他类型的价格不出现变动，此种情况也会产生恶性竞争。显然这并不是企业自身就可以改变的，而是

要借助政府调控的力量。后者是指旅游项目被消费者喜爱，其他类型的项目便会模仿，但是因为多种产品之间存在相似性，很容易产生市场供求无法科学维持的现象，由此造成了合成争端。

二、经济学视角下的政府旅游管理职能制约因素

政府对信息获取的全面性。国家科学干预经济的基础应该是全面地掌握信息，因为市场变化程度比较大，并缺少客观性的手段，由此促使政府中从事公共事务管理的人员获取多个信息，合理预测。然而与此不同，若把预测的工作交给某一个单位，得到的结果总会比多个人分散预测的结果易出现偏差。政府旅游管理职能发挥期间，要以大量的信息为前提。对市场信息来讲，包括企业内部的信息以及外部的信息，前者的需求要受到企业的支撑，信息获取难度比较大，后者应该在多样化的途径上进行，获取信息的难度十分大，一些企业会顾及综合效益，不会完全把信息提供给政府。

政府单位的利益矛盾。即便政府的职能被规划，也不能完全避免制约因素的存在。对旅游行业来讲，发展建设和一些单位产生直接性的关联。政府单位和社会的利益之间存在较大的相关性，然而不会制约旅游单位将利益视作首位的思想，加之每一个政府单位在一定程度上会存在利益的需求。推行公共旅游政策之后，每一个政府单位会产生博弈，影响到政府管理职能的公开性与透明性，由此制约着政府旅游管理职能的彰显。

三、经济学视角下的政府旅游管理职能有效思考

明确管理内容。站在经济学的视角上，政府在旅游管理职能的发挥中，往往处在利弊结合的条件中。要想确保政府的行政职能不会受到制约，可以按照具体情况把市场制度加以引进，以市场手段为主解决问题，降低政府的干预效果，需要真正掌握市场的情况进行管理。并且加强旅游市场的发展脚步，政府应该设置一系列的发展目标，首先是适应居民假期休息的权利，其次是保障居民能够在旅游实践中得到对应的服务，再次是进行旅游行业的开发、增加旅游文化的创新力度，最后是强化生态环境的保护。在分析和研究下，因为国家现有情况的差异，导致旅游实际情况不一致，需要政府结合管理的内容，充分体现营销职能、信息管理职能以及规划职能等。

处理好政府与市场之间的关系。对于旅游行业的进展，主要包括两种形式的分歧，也就是旅游市场在政府计划之下进行更好还是借助市场发展更好。一些学者觉得，基于政府的引导，旅游市场会依据行业自身的角度进行，然而围绕市场扩展的旅游行业，可以全面凸显政府具备的控制职能，确保旅游行业的健康运作。另一些学者觉得，政府引导背景下旅游市场可以和时代的进展同时进行，相应的不良因素会被规避。总之，大多数的学者都觉得在市场运行期间不仅要关注政府职能的彰显，还要加强市场存在的基础性职能。并且，目前对于以市场为主导的旅游行业数量有限，原因包括几点：首先，在政府的领导下，旅游行业的发展初步取得成效，尤其是市场制度尚未健全的区域，政府

主导的作用比较明显；其次，受以往管理思想的制约，很多人依旧把管理建立在政府努力的基础之上，觉得政府可以调节好旅游经济市场；再次，旅游行业的发展需要诸多单位的参与，若把一切希望和市场进行关联，便会增加投入的资金；最后，即便我国经济制度朝向市场制度转变，然而政府在计划经济制度下已经初步掌握经验，促使旅游市场更好地发展。所以在旅游市场发展期间，要强化政府的关注，不管是市场调控或者政府调控，都会体现不足之处。然而不可以否定优点，只有了解优势，才可以加强互动性，为旅游市场的健康发展提供基础。

整合官产学民媒交流。在旅游行业的发展过程中，不同时期存在不同的需求。在起始阶段，针对基础类型设置和推广促销产生严格的要求，此种模式需要政府的积极引导。然而，在旅游行业发展到繁荣时期之后，每一个国家都会选择旅游的方式推广自己。在旅游行业发展相对成熟的时期，旅游经济的价值便凸显出来，要借助市场调节，才能完成社会资源的充分利用，这就需要政府的不断监管。由此，政府作为旅游行业中的重要部分，要想推动旅游行业的发展，便应该关注官产学民媒的交流，本质上借助政府、产业、学术界与公众和媒体的传递加快旅游行业的迅速发展。一方面，政府可以适应不同群体的需求；另一方面，政府可以掌握市场对旅游行业发展产生的影响，对应部门的作用可以有效体现。对学民媒而言，其成为两者之间互动的途径，可以优化旅游业务的功能，还能够推动两者之间的协调发展。另外，政府和旅游产业，都积极地加入产品开发活动中，和学术界加强联系，给旅游行业的发展提供优质环境，由此促使政府旅游管理职能科学发挥，真正推动综合效益的增长。

综上所述，经济学视角下国家要充分思考政府旅游管理职能的发挥，了解政府旅游管理职能发挥存在的不足之处，分析旅游管理职能受到制约的因素，设计多样化的措施和方案。如明确管理内容、处理好政府与市场之间的关系、整合官产学民媒交流等，促使政府有效地参与到旅游管理的工作中，科学调整旅游行业与市场的变动，切合实际地推动旅游行业的进展。

第四节　体验经济时代的旅游景区管理

在社会经济不断发展的背景下，人们的旅游需求逐渐提高，本节通过互动性、差异性、消费主动性、即时性和延续性，对体验经济时代的特征进行了分析，并从资源利用不合理、服务质量不高、没有做好景区保护工作方面对旅游景区管理现状进行了总结，并从关注游客体验、均衡利用景区、构建"快乐剧场"、合理开发景区资源、选择适当的营销策略、提高管理人员的专业能力方面对体验经济时代的旅游景区管理模式构建策略进行了总结。

现阶段我国景区在开发的过程中，没有对游客需求、资源利用等方面合理管理，导致游客在游玩时没有得到良好的体验感。为了改善这一现状，需要将体验经济时代理念融入其中，并根据市场发展趋势、游客需求等方面构建管理模式，提高景区开发的有效性，促进旅游行业的运行发展。

一、体验经济时代的特征

（一）互动性

为了能够进一步了解体验经济时代，需要对其中的互动性特征进行讨论，具体可以通过以下两个方面来了解。第一，由于体验行为需要工作人员进行引导，进而在这一过程中，需要相关管理人员合理筹划体验行为，进而激发消费者的消费行为。但在消费体验的过程中，需要深入分析顾客体验情况，并合理进行互动筹划，构建良好的互动关系，推进旅游产业运行发展。第二，由于体验经济时代的主体为顾客，在旅游管理时，管理人员需要传递旅游景区中所包含的文化内涵，达到与顾客构建亲切关系的目的，激发游客的消费行为。

（二）差异性

在对体验经济时代的特征进行分析时，为了提高分析有效性，需要对其中的差异性进行分析，具体可以通过以下两个方面来了解。第一，由于人们之间的文化程度、喜好等方面都存在差异，进而对消费行为的感受也不同。例如，儿童比较喜欢在肯德基就餐，成年人较为注重餐厅的环境、服务、氛围等，进而这一消费行为具有差异性。第二，旅游景区在进行管理时，为了优化游客的消费体验，需要对游客的消费心理进行分析，并构建有针对性的服务，满足消费者的需求，推动旅游行业运行发展。

（三）消费主动性

为了能够进一步了解体验经济时代的特征，需要对消费主动性进行讨论，具体可以通过以下两个方面来了解。第一，由于消费者在消费的过程中，具有较大的主动性，进而旅游景区管理人员在构建管理制度时，需要将诱导体验传播作为管理工作重点，达到吸引消费者需求的目的。第二，在体验经济时代，旅游产业之间的竞争力逐渐提高，为了激发消费者的消费主动性，需要在构建管理工作时，将这一行为作为研究重点，达到提高消费者消费欲望的目的，促进市场经济运行发展。

（四）即时性和延续性

了解体验经济时代时，需要对即时性和延续性进行分析，具体可以通过以下两个方面来了解。第一，良好的消费感受能够提高消费者的心理愉悦度，并对之后的消费行为有一定的影响，具有提高产品、服务附加价值的意义，推动旅游景区提高市场经济效益。第二，由于旅游这一行为寻求体验的方式不同，旅游服务为帮助游客获得较好的体验，进而在构建管理方式时，需要将重点内容放在让游客获得更好的体验上，对旅游行业的发展趋势进行分析，达到推动旅游景区运行发展的目的，激发游客的消费行为。

二、旅游景区管理现状

（一）资源利用不合理

在进行旅游景区管理时，存在资源利用不合理的问题，具体可以通过以下两个方面来了解。第一，旅游景区的构建、管理情况与旅游产业整体发展情况有一定的关系，但部分旅游景区在进行规划、控制时，没有合理利用资源，甚至在利用资源时，没有按照可持续发展观进行构建，导致资源利用有效性不高，没有达到推动旅游产业经济运行发展的目的。第二，资源利用对景区规划质量有一定的影响，但由于大部分景区规模较大，包含的资源较多，在管理之前需要先进行规划，但大部分旅游景区管理人员对资源整理利用的重视程度不高，在构建景区路网时没有对旅游景区市场发展方向进行分析，导致资源利用有效性不高。另外，在进行资源管理时，部分管理人员没有按照政府的规划指引调整管理方向，导致管理有效性不高，对景区自然环境发展有一定的影响，出现了旅游资源利用不合理的问题，甚至存在资源浪费问题，进而对市场环境运行发展有一定的影响。

（二）服务质量不高

现阶段的旅游管理中，存在服务质量不高的问题，具体可以通过以下两个方面来了解。第一，景区工作人员的服务态度、服务质量与游客的消费体验存在一定的联系，但部分旅游景区工作人员缺乏责任感，没有对游客需求进行分析并提供适当的服务，导致游客的消费感受不良，对旅游景区留下了不好的体验印象，难以达到提高旅游景区市场竞争力的目的。第二，服务质量与游客的游戏体验存在一定的差异性，但部分景区没有将让游客产生"舒畅"感作为工作重点，导致景区的行业竞争力下降。另外，由于游客是景区的生存条件，一旦其产品没有给游客带来良好的体验，则会降低景区口碑，难以达到吸引游客的目的，景区难以在这一环境中形成良好的生存条件。

（三）没有做好景区保护工作

旅游管理中存在没有做好景区保护工作的现象，具体可以通过以下两个方面来了解。第一，虽然现阶段我国社会经济得到了快速发展，但在发展经济的过程中对自然环境有一定的破坏性，出现了生态环境发展不良的问题，对旅游景区运行发展有一定的影响。第二，部分旅游景区工作人员对生态环境保护工作的重视程度不高，没有应用适当的方法进行景区保护，导致景区的生态环境质量日渐下降，难以提高管理有效性，对旅游景区运行发展有一定的影响。另外，部分旅游景区缺乏环境保护意识，没有从多角度进行环境保护工作，对旅游景区生态环境发展造成了严重的影响。

三、体验经济时代的旅游景区管理模式构建策略

（一）关注游客体验

在体验经济时代时，旅游景区管理模式为了提高构建有效性，需要关注游客体验，具体可以通过以下两个方面来了解。第一，由于游客体验感受对旅游景区运行发展有一定的影响，进而为了提高游客数量，需要了解游客的体验情况，并有针对性地构建出"舒畅"的游戏体验。例如，由于旅游这一行为实际为寻求日常生活中没有的感受，让自己在游玩中忘记烦恼、产生快乐，在构建管理模式时，为了提高构建有效性，需要先对景区旅游管理现状进行分析，并判断旅游景区发展趋势进行整理，进而构建能够满足游客需求的管理模式。第二，在信息技术不断发展的背景下，旅游景区为了能够进一步了解游客需求，需要构建景区官网，设置意见栏，游客可以在这一区域提出自己的意见。另外，旅游景区为了能够及时了解游客需求，需要安排专人负责处理这一工作，并定期整理意见向管理人员反映，管理人员可以按照相关内容，有针对性地构建满足游客体验需求的管理模式，推动旅游景区运行发展，并提高市场竞争力，带动旅游产业经济发展。

（二）均衡利用景区

体验经济时代的旅游景区管理模式构建时，需要均衡利用景区，具体可以通过以下两个方面来了解。第一，传统的旅游景区开发重点为经济效益，但现阶段由于我国生态环境日益下降，需要将开发重点放在可持续发展中。例如，在将可持续发展观作为旅游产品开发工作重点时，为了提高开发有效性，按照"在满足现有旅游者需求的同时，增大未来发展的机会"这一思想进行产品资源开发工作，优化生态环境。在这一过程中，管理人员在构建管理模式时，需要按照国家的相关管理规定进行构建，保障景区管理模式具有较高的构建质量。第二，为了能够提高景区利用质量，达到提高景区经济效益的同时优化自然环境的目的，需要在景区构建时，对景区的构建现状进行分析，之后构建出能够满足旅游需求的管理模式，推动旅游景区管理工作的运行发展，提高旅游景区的行业竞争力。

（三）构建"快乐剧场"

为了能够提高体验经济时代的旅游景区管理模式构建有效性，需要构建"快乐剧场"，具体可以通过以下两个方面来了解。第一，由于人们旅游的主要目的是放松、获得快乐，为了达到这一理念，需要对旅游景区管理人员进行管理规划工作，例如，在管理规划时，需要对景区各部分构建管理规范制度，按照天然林保护理念设计规划方法。并且在构建"快乐剧场"时，为了提高景区的独特性，需要明确景区的产品特色，给予游客独特的旅游体验，帮助旅游景区提高市场竞争力。并且在这一过程中，为了达到给予游客新鲜感的目的，需要定期进行产品更新工作，并在节假日推出满足节日氛围的活动，提高旅游景区管理的有效性。第二，由于景区管理人员难以与游客进行互动、了解游客意见，在构建产品时容易出现构建不科学的问题，为了改善这一现状，需要构建多样性的项目，满足不同人群的

旅游需求，例如，在设计项目时，可以设计一些具有挑战性的项目，使游客能够在跨过心理承受极限时获得成就感。

（四）合理开发景区资源

提高体验经济时代的旅游景区管理模式构建有效性，需要合理开发景区资源，具体可以通过以下两个方面来了解。第一，由于景区资源环境为游客体验的必要条件，一旦景区管理模式缺乏生态性的特点，就难以为游客带来新鲜感。为了避免这一问题的发生，需要在开发景区资源时，构建完善的生物多样性、生命支持系统，并因地制宜地规划景区构建方式，提高景区资源开发的有效性。第二，在开发景区资源时，为了提高开发有效性，管理人员可以研究其他企业应用的管理模式，并将资源应用优点融入自身景区中，提高景区开发的有效性，帮助旅游景区提高市场竞争力。另外，在开发景区资源时，为了避免出现资源浪费的问题，需要管理人员提高管理力度，定期在资源开发工作中进行检查，及时发现管理模式构建中存在的问题并进行优化处理，推动旅游景区管理模式稳定运行，并帮助旅游景区提高市场竞争力。

（五）选择适当的营销策略

在体验经济时代的旅游景区管理模式构建中，需要选择适当的营销策略，具体可以通过以下两个方面来了解。第一，良好的营销策略能够保障旅游景区经济稳定发展，进而在构建时，需要先了解市场环境。例如，管理人员可以先对同类型的旅游景区应用的营销方法进行整理，明确其营销重点，之后按照自身景区发展现状构建管理模式，提高营销管理的有效性。另外，在选择营销策略时，为了达到帮助旅游景区提高市场竞争力的目的，需要在选择营销战略时，按照游客的需求进行设计，保障营销形式具有多样化的特点，帮助旅游景区提高市场竞争力。第二，由于传统的营销战略较为单一，景区营销手段存在雷同的情况。为了转变这一现状，提高营销有效性，需要在构建营销方法时，将差异性作为设计原则，保障这一景区产品具有新鲜感，推动旅游景区运行发展，带动这一地区经济提高。

（六）提高管理人员的专业能力

在体验经济时代的旅游景区管理模式构建中，为了使旅游景区提升市场竞争力，需要提高管理人员的专业能力，具体可以通过以下两个方面来了解。第一，部分管理人员对旅游管理工作的重视程度不高，没有构建科学的管理方法，导致旅游景区发展不稳定，为了改善这一现状，需要管理人员提高对旅游景区管理的重视程度，对旅游景区进行规划管理。另外，在对旅游景区进行管理时，为了提高管理有效性，需要管理人员提高景区规划的了解程度，并选择适当的方法进行管理，帮助旅游景区提高市场竞争力。第二，由于部分旅游景区管理人员对这一管理工作的了解程度不高，容易出现管理模式构建不合格的问题。为了改善这一现状，提高管理模式构建的有效性，需要旅游景区定期开展会议，对旅游产业的发展方向进行分析，并构建适当的管理模式，为旅游景区管理工作运行发展奠定良好的基础。

综上所述，在进行体验经济时代的旅游景区管理模式构建工作中，为了提高管理模式构建的有效性，需要先对旅游景区管理中存在的问题进行分析，并构建有针对性的管理制度，提高旅游景区管理有效性。另外，为了提高营销策略构建有效性，需要先了解市场环境、自身旅游景点优势，并构建多样化的营销方法，保障营销工作能够满足不同年龄段的需求，推动旅游行业运行发展。

第五节 新经济形势下旅游会展管理

每个地方都会举行会展旅游这种活动，有的是商业活动，有的是展览会、会务活动，通过不同的方式将游客的目光吸引过来，从而开展旅游会展，也就是大型的展览会、活动，由于都是不同的产业或者行业开展的活动，从而就具有鲜明的产业性及行业性的特色，也就会有民间的组织或者政府将目光放在相关的产业上，产生参与的兴趣，以便对外展示自己。展览会或者会务活动的规格越高吸引的参观人员消费水平就越高，文化素养以及欣赏水平就越高，与普通游客相同的接待量相比，就会有更大的经济效益产生。

最近几年，新提出了"会展旅游"的概念，同时"会展旅游"也是一个新鲜的词汇，也可以认为是与展览、会议有关联的活动。然而，如果我们将会展和旅游结合在一起时，就不能仅仅是字面上的了解，应该具有新的含义。以往的旅游成果以及发展会展的形式，都能够指导之后的旅游业的发展。

一、旅游会展的主要情况

会展旅游的形式属于商务旅游，通常是不同的展览及会务活动举办的时候衍生出来的一种旅游服务，如论坛、研讨会及会议等。对于会议旅游的定义也分为狭义以及广义两种，狭义的理解是展览会和会务活动结合起来，从而进行旅游服务，获取相应的经济利益；广义的理解是不同的展览会以及会务活动的举办是关键的因素，而旅游只是协助的作用，是为了满足展览会以及会务活动的需要而举办的。

二、旅游会展的独特性

旅游会展在新经济时代具有其独特性，通常会议展览通过旅游的方式举办的展览称为旅游会展。将休闲娱乐的因素融入商务活动中，创建轻松的商务环境，有利于顺利开展洽谈工作，最终形成具有功能性及目的性的旅游，所以，可以通过结合两者使开展商务活动更加顺利，同时促进了旅游业的发展。除此之外，大型的会议交流、婚庆典礼以及商务会展等活动，都有很高的消费水平。深远的影响意义，随之而来的经济效益也是非常可观的。

三、旅游会展的意义

高级管理层是旅游会展的主要消费人员，通常都是进行投资洽谈、经济交流、签署合约等工作，所以，旅游会展的效益获取是极快的，同时带动了当地的旅游、餐饮、娱乐及休闲活动的发展，并且促进当地的综合发展。旅游结合会展带来的作用是积极的。比如，在一个地方进行文化交流会的举办，那么就会使很多的企业家以及名人聚集在此，从而更多的人就知道了此地，有利于发展当地的文化水平，增加对当地的投资量。我国不同的地区有不同的优势，会展的开展需要结合当地的优势，展现当地特色，提供机会、平台发展不同行业，如文化、旅游及餐饮等，加大发展经济文化的力度。

四、新时期的旅游会展在管理方面存在的不足

旅游会展发展的时间并不是很长，管理旅游会展的方式才开始，所以有很多的不足存在，对发展旅游产生了极大的影响，重要的不足有以下几点。首先，不成熟的管理方式。经过调查，我们能够看出，旅游会展仍然处于新的时期，缺乏完善的管理方式，没有健全的规章制度，所以在进行管理的时候就会产生很多的问题。其次，指导方向不够明确。旅游会展兴起的时间不长，发展又过于迅猛，缺乏能够直接管理的部门，而且相关的部门对于具体的管理规则也没有明确的规定，所以就缺乏明确指导旅游业发展的方向。最后，缺乏丰富的旅游项目。经过研究我们发现多数的人员参观展览会只是为了欣赏、观看，因此，购物等旅游项目的人员就没有很多，也就浪费了旅游资源，导致经济效益降低。

五、新形势下研究我国旅游会展的管理方式

（一）各地政府具有主要的指导作用

快速发展旅游业可以促进经济的大力增长，对此各地政府也有明确的了解，于是就将相关的经营企业组织起来，将规章制度进行完善，组织相关的人员研究课题，对管理旅游会展的方式进行不断的探索以及完善。比如，北京的副市长组织人员研究会展的各方面发展并分析，从而对研究的课题进行了确定，有很多的报告就是围绕讨论以及研究进行的。与此同时，北京的相关部门以及统计局就管理旅游产业的规章制度进行系统的制定以及完善。政府领导探究研究的课题在浙江、上海以及广州等地区也在实行。

就现在而言，我国很多地方的会展业都是由政府主导的，其发展的趋势是很好的。然而在政府主导的同时也存在不好的方面，比如，过于严厉的监管、复杂的审批过程以及过多的政府干预等，都会对实际操作有深刻的影响，导致效率不高。同时，管理部门缺乏完善的法律法规。只有将法律体系建立得更加完善，才能建立更加规范化、更加制度化的旅游会展管理体系，管理的效率才会更高。

（二）各地区、省市将行业协会建立得具有自律性

所有省市的会展协会通过政府的领导逐渐建立起来，1998 年 6 月成立了北京国际会

议展览业协会，为社会发展奠定了基础，具有很好的示范作用。于是很多地区对于北京的展览会进行了模仿，上海在 2002 年建立行业协会，紧随其后建立行业协会的省市有山东、浙江、武汉以及广州。建立的行业协会为旅游会展提供了更多的机会，从而促进公司间的交流，并且提供机会让不同公司的代表以及相关的人员进行探讨，共同分享旅游业的发展以及发展前景，有利于完善旅游业的管理体系。具有自律性的协会对于企业内的管理进行有效的控制，管理协会的标准可以按照指定好的法令法规进行，对于管理各个协会都有促进作用。而且不同的协会也可以进行学习与交流，展现出优秀的研究成果以及好的管理方法，展现自我的同时学习别人好的地方，彼此之间互相监督、互相学习、共同进步，实现协会的重要价值。

（三）积极运作社会的各企业

将具有自律性的协会以及具有主导能力的政府做为基础，各地区的企业均会参与到行业协会的建立中，不放过任何一个好的机会，投入运作。通过政府的支持，展览场馆的建设工作热情极其高涨，逐渐完善对于硬件设施的需求。在 2010 年的时候就统计出有 1000 万平方米的面积用于建立室内展厅，每个展厅均有购物中心、会议室、参观楼、商务酒店、动力中心、储存中心、写字楼等的配备，每个企业都具有比较齐全的内部设施，所以就保障了会展的成功举行，促使各个地区的部分旅游部门以及会展公司逐渐参与到国际的会展协会中。只有企业的运作状况良好，才能促进各方面的发展，使企业的优势充分发挥出来，例如，资金的雄厚、管理经验的完善、技术的熟练以及人脉的广泛度。同时，企业的积极运作对于各企业间的竞争具有很好的控制作用，不但激发自己的上进心，加强实力，而且对于管理方式也具有很好的促进作用。企业的积极运作意义是非常大的。

（四）社会的参与

政府的参与力量还是比较弱的，社会的各部分力量也应该积极地参与到其中。人民群众拥有无限的力量，社会成员的智慧是丰富多彩的，大部分阶段提出的建议或者意见都是很好的。社会的参与可以使监管企业的力度加强，让企业不会有懈怠、消极的心理，从而管理的效率就更高了；社会的参与也可以使社会环境更加和谐，使企业的探索之心更积极，寻找出更加合理的管理方式，使工作人员积极参与到每项工作中去。成大事的前提就是要集中力量，从而建立一种好的循环方式，最终将取得的优异成果分享到每个人。

新兴产业中的旅游产业具有巨大的发展潜力，伴随的经济效益也是极为长久的，对当地的经济具有促进作用，是国家以及政府都会支持的项目，然而目前具有的产业是刚刚开始发展的时期，还有很多的不足。转变管理旅游会展的方式是非常有必要的。为此要充分发挥政府的主导权，支持各地区将旅游会展建立起来，积极参与到旅游会展管理工作中，创新管理方式，提高旅游产业的发展速度。

第六节 共享经济的旅游城市交通资源管理

在旅游业快速发展的过程中，旅游人数不断增加，城市的交通状况出现相应的问题。在旅游过程中，城市交通是一项重要的组成部分，资源的配置直接影响着旅游体验，因此，需要充分重视资源管理。本节对城市公共资源管理的相关概念、共享经济下旅游城市交通资源管理中存在的问题和对策等进行了详细分析，具有一定的借鉴意义。

一、城市公共资源管理的相关概念

（一）城市公共资源

城市公共资源的控制者是城市或者政府，在城市地域空间内存在和受益。这种资源具有公共物品性质，具体来说包括两类，一类是有形资源（城市公共基础设施、城市公用事业等），另一类是无形资源（城市环境、城市品牌等）。

（二）城市公共资源管理

城市公共资源与旅游城市公共资源管理具有一定的相似性，在具体分析的过程中，常常将城市公共资源管理、旅游城市公共资源管理和公共资源管理进行比较。一般来说，三者之间的大小关系如下：旅游城市公共资源＜城市公共资源＜公共资源，旅游城市公共资源管理＜城市公共资源管理＜公共资源管理。

二、旅游城市交通资源管理中存在的问题

（一）资源配置不均

在城市公共资源中，中高收入群体是主要的利益群体。在分析公共服务利益集团的基础上可以知道，在资源配置的过程中，城市居民与外来农民工之间享有的公共资源存在较大的差异性，穷人能够享受到的医疗、教育、公共服务等资源占比较少，导致心理上的不平衡。在城市公共资源配置中，不均衡性主要体现在以下几方面。①在社会需求不断增加的情况下，政府对公共资源的供给能力出现疲态现象，不能满足实际需求。②在经济发展的过程中，城市中出现大量的闲置公共资源，使用率较低，没有发挥出应有的作用，无法转化为有效的经济增长点。③部分社会底层群体不能充分享受到公共资源，获得的实际利益较少，无法充分享受到应有的福利。

（二）供需矛盾突出

旅游城市具有自身的特殊性，资源的供需矛盾比较突出。在旅游旺季，城市内人口密度不断增加，在这个过程中，城市交通资源之间的矛盾会演变得越来越突出，最终出现交

通拥堵等比较复杂的现象。比如，一个城市拥有非常著名的景点，在特定的季节，这个景点将会吸引非常多的游客，游客的增加间接导致交通量的增加。与周边其他地方相比，旅游景点的交通状况会显得相对较差，并且在一天的不同时段呈现出不同的情况，同时，日常出行的危险系数、时间成本、承载量等都出现相应的变化，一般表现为急剧增长。旅游势必出现空间上的移动，位置的变化是必不可少的，因此，交通的便捷程度在很大程度上影响着游客的满意度和最终的旅游体验度，如何合理解决资源供需之间的矛盾显得至关重要。

（三）共享交通市场不稳定

在共享交通经济发展的过程中，存在比较明显的问题。①网约车和共享单车在整个行业中的垄断趋势比较明显，在这种情况下，共享交通经济的市场将出现失灵，市场的运行机制不能有效运转，对共享交通企业提出了一定的挑战。②在共享单车行业，由于需求量的增大，投入了非常多的共享单车，但是，市场中的自行车没有得到充分利用，造成大量的闲置，这些车辆无法在短时间内及时有效地进行清理，对城市公共资源造成一定的干扰和破坏，污染了城市的环境。③诚信机制缺失，诚信体制不完善。很多使用者在前期缴纳了押金，但是在企业倒闭之后，没有及时将拖欠的费用返还给客户，在社会上引起了比较广泛的关注和讨论。④乘车的安全性受到挑战。近年来，网约车出现不良事故的新闻屡屡发生，对社会造成了恶劣影响。

三、旅游城市交通资源管理的方法和对策

（一）共享数据，使用第三方应用程序

在城市交通资源配置中，市场主导或者政府主导都具有片面性，会使市场失灵，不利于资源的流通和盘活，因此，需要按照市场自身的运行机制，充分发挥政府监控和宏观调节的作用。具体来说，政府需要与共享交通企业分享数据资源，在资源配置的过程中，主要的参考依据是信息数据，掌握彼此之间的数据，使两种资源能够有效衔接和配置。同时，在使用共享交通平台的过程中，对产生的数据信息进行整合，详细分析出数据的内在联系，以此为基础，对市场需求进行准确预测。共享企业对城市交通资源配置中的相关信息进行结合，在配置和使用资源的过程中进行精准对接，使城市居民和游客的出行需求能够得到最大化的满足，充分展现出交通的魅力。另外，在保持数据开放共享的基础上，将各种有利资源聚集成第三方应用程序，以完善的功能和良好的界面体验，方便、快捷、安全地实现交通共享的功效。

（二）构建政府与共享交通企业的博弈模型

政府和共享交通企业为了保障自身的利益，促进城市交通资源和共享交通资源合理配置，必须站在各自的角度做出适当性的选择。政府需要出台相应的法律法规，监管和引导

共享交通市场，或者站在观望者的角度，使市场进行自我调节。从共享交通企业的角度来看，对于市场中的问题可以进行忽略，进一步占领市场份额，或者放慢发展速度，对后期维护和营利模式进行全面的开发。相比之下，共享交通企业选择的策略能够深刻影响自身后期的发展和城市公共资源的管理，结果的预见性比较明显；而政府在管制共享交通市场的时候，起到的作用是正负相间的，有时候可以促进共享交通市场的进步，但有时候会阻碍其发展，需要对管制的方法和力度进行严格控制。针对发展过程中的不同阶段，政府和共享交通企业需要详细分析所处的环境，结合当前的实际情况，做出最准确的判断，及时调整选择的策略，使其能够充分适应市场规律和规则，实现最大化的效益。

（三）完善政企开放共享数据的运行机制

在资源配置的过程中，需要将政府与共享交通企业之间的数据进行开放和共享，实现数据的开放化。①政府必须对相关的政策制度进行完善，为数据的共享过程提供法律上的保障，在实践的过程中能够有切实的法律依据。②加强用户信息的安全性。在共享交通平台下，相应的信息保护和信用体系需要不断调整与完善，使信息能够安全可靠，增强数据使用的准确性。③共享交通企业需要对自身平台的数据进行开放和共享，建立新的指标体系，对相关数据进行统计和完善，使共享交通领域数据的有效性得到最大限度的保障。在开放数据共享的过程中，建立政企开放的共享数据机制是至关重要的，借助大数据技术，充分利用无线射频识别技术，识别和获取共享平台中相关用户的具体信息，使数据的效度得到有效保障。这项技术具有适应性强、精度高、操作简便、抗干扰性强等特点。

（四）缓解共享交通旅游城市交通供需矛盾

在各种因素的影响下，仅仅依靠政府增加城市交通资源供给是远远不够的，共享交通能够降低城市带给政府交通资源供给的压力，对城市的交通需求进行针对性的转移，提高用户使用共享交通的意识，有效解决资源的供需矛盾。①需要加大财政收入，使城市交通资源的供给不断增加，加上相关的辅助性政策，对城市交通市场需求进行一定程度的抑制。从城市公共产品需求的角度来看，需要颁发相关的政策文件，适当增加城市交通的使用成本，居民在使用的过程中，由于成本的增加会降低需求。②使替代性共享交通资源的供给不断增加，主要包括两种，一种是网约车，另一种是共享单车，对交通需求进行缓解，转移交通需求的矛盾。资源的供给不仅指数量上的增加，而且必须针对实际情况，使供给量得到满足，对城市交通供需的缺口进行有效弥补。

在市场经济快速发展的过程中，共享经济越来越明显，在城市旅游经济中占据着重要比重。必须详细把握共享交通行业发展中对旅游城市交通资源配置产生的影响，分析行业发展中出现的问题，在此基础上，制定出具有针对性的对策；整合各方面的因素，将一系列资源进行详细归纳，构建出完善的城市交通资源配置和共享交通资源配置相互结合的模式，借助政府与市场的力量，协同配置与治理，实现良好的管理效果，促进城市旅游经济的进一步发展。

第五章 现代旅游经济管理的创新研究

第一节 我国旅游经济的宏观管理

自从进入 20 世纪 90 年代，旅游产业便成为世界增长速率最快的产业之一，我国在旅游业的发展也有着显著的提升。旅游景点是目前旅游创收的主要来源，通过不断吸引各国参观、游玩的游客们，来对我国的经济发展发挥重要作用。由此看来，加大对旅游经济的管理力度，能够有效吸引旅游人士的注意，以便成为经营者与投资者的焦点。本节将对我国旅游经济的宏观管理展开论述。

一、对我国旅游经济发展的研究

（一）我国旅游经济发展体系的研究

要构建完善的旅游经济体系，首要条件是具有可持续发展观，从而便于规范旅游经济发展的基本模式以及建立有效的可持续发展相关法规。以绿色环保为基础，大力发展友好型体系模式，是我国旅游经济发展的长远目标。在发展旅游经济体系时，需要具备以下两方面的基本内容。第一，在旅游经济理论的基础上开展经济管理的实施方案。第二，将旅游经济理念做为管理的重要目标，并不断组建起该目标的相应机构体系。为了促进我国旅游经济体系的发展，还需要应用社会管理、产业指向以及利益权衡等策略来实现全方位的优化调整。

（二）我国旅游经济发展的意义及思想

我国旅游经济发展的基本意义是倡导绿色环保、提高国际化的交流合作、构建起以环保技术为基础的旅游经济支撑模式。从战略性角度出发，旅游经济体系的发展还有助于加大经济管理理论知识的宣传工作力度，对目前经济审核体系起到监督的作用。我国旅游经济发展的思想要建立在多级生态链的模式当中，必须保证社会经济、旅游环境等内容的相互协调，才能设计出最佳的可持续经济管理的发展计划，稳固旅游业的整体发展走势，以便最终达到旅游经济宏观管理的目的。

二、我国旅游经济的基本内涵以及相关理论基础

（一）我国旅游经济的基本内涵

我国旅游经济高速发展的同时，一定会面临着旅游资源日益短缺、环境遭到不断破坏等问题，这些来源于生态资源以及环境方面的压力会使与旅游经济相关的利益出现矛盾或者是冲突。旅游经济是实现可持续发展的重要措施，其基本内涵不仅包含可持续发展理念，还具有自身发展过程中的独特魅力。可以将其内涵归纳为如下几方面。首先，注重发展旅游的复合结构，即自然促使社会、社会提升经济，只有保证政府管理机制与市场发展处于动态平衡，才有助于实现自然、社会、经济的利益最大化。其次，倘若旅游经济未得到有效发展，其自身便不具备促进经济提升、社会财富累积的作用。

（二）我国旅游经济的相关理论基础

我国旅游经济之所以能够得到快速发展，其最重要的原因便是在进行可持续发展的道路中引入了相关理论基础，这些理论基础包括：资源与环境学理论以及景观科学理论。资源与环境学理论的基本条件是建立在自然资源以及环境处于无上限的情况下，将其从经济管理分析的范畴里抛除。通过对环境资源的合理调配来实现旅游经济的快速发展。景观科学理论是将土壤作为基本的研究对象，将人以及动植物有机地结合在一起，来达到经济最大化的目的。景观科学理论注重的是环境的整体，通过其与外在事物的交换，维持环境与经济的必要联系。

三、我国旅游经济宏观管理的重要措施

（一）把握机遇，提高旅游经济的发展速度

首先，需要做到根据实际情况，统一旅游经济的发展理念。旅游行业对我国经济发展起到了重要的促进作用，虽然也存在少数群众对我国旅游经济产生质疑的情况，但是这20多年取得的进展，足以证明统一旅游经济思想，是可以促进旅游行业的快速发展的。其次，提高旅游经济的前瞻性，我国是全世界自然资源最为丰富的国家之一，多变的气候以及多样的环境已经组建成具有中国特色的旅游资源，所以在对其进行管理时一定要把握机遇，保持自身的前瞻性，从而为我国旅游行业发展夯实基础。

（二）提高中国旅游经济的创新性

对我国旅游经济进行宏观管理需要不断创新，因为旅游理念是随着时代在进行不断改变的，旅游行业不仅仅是一项对文化欣赏之后的消费活动，更多的是一种经济活动，为了使旅游经济效力达到最大化，就务必时刻保证旅游的相关理念是处于该时代最前沿的。从目前宏观管理的情况来看，旅游行业已经成为发展潜力最大、经济效益最好的产业之一，只有不断更新观念，才可以优化旅游经济所处的体系。

（三）加快我国旅游经济转变的方式

加快我国旅游经济转变的方式主要体现在以下两个方面。第一，探索出具有中国特色的旅游经济发展策略，并且合理处理旅游经济与政府管理的关系，坚持多方位发展旅游经济，通过政府对其相应产业链的重视与扶持，来挖掘我国旅游经济更大的潜能。第二，加快我国旅游经济增长方式的改变，提升优化旅游经济管理模式，不要只注重旅游景点门票的收入，将注意力更多地放在开发旅游产品、发挥自身独特优势以及提高旅游资源的管理意识等方面。并不断增加旅游经济中的科技含量，优化管理配置，降低不必要的损失。

四、目前我国旅游经济宏观管理存在的问题及原因分析

我国旅游经济宏观管理存在的最主要问题是旅游行业的生产效率低下、管理水平不高，主要体现在对旅游资源成本的管控、质量的检测以及人员的调配方面，而且大多数旅游行业的管理人员自身素质还要不断加强，由于管理经验不丰富，对旅游经济认识也存在较多不足。旅游资源没有得到有效使用也是频繁出现的问题，由于管理人员工作存在疏忽以及旅游乘客对环境的不重视，便加深了该现象的负面影响力度。出现这些问题的原因如下：政府机构的管理措施不具有针对性，目前旅游行业已经涉及新城村的建设和农业产业链的改变等内容，相关政府机关没有及时协调好各个部门，未达到统一管理的效果；旅游经济管理者盲目加大成本，优化硬件设备，却忽略了对旅游景点管理模式的改善。

我国旅游经济是确保旅游行业快速发展的重要因素，为了解决目前在发展过程中存在的问题，应该对宏观管理加强重视，通过遵守我国旅游经济发展方针，改变目前管理方案，来促进旅游行业在目前市场的竞争力，从而实现经济的高速发展。

第二节　循环经济视角下旅游经济管理

旅游业在我国经济发展中发挥着日益重要、不可代替的作用。随着近年来旅游业的蓬勃发展，旅游经济的发展步伐也不断加快，同时也给旅游经济管理带来了许多机遇和挑战。循环经济作为一种与环境和谐的经济发展模式，为新时期的旅游经济管理创新带来了新思路，基于此，分析了当前我国旅游经济管理面临的一些挑战，提出了循环经济视角下旅游经济管理创新的有效路径，以期在创新旅游经济管理的同时，我国旅游业和旅游经济在新时期能够获得更好的发展。

随着社会和经济的发展，人们的生活方式发生了极大的变化，旅游也逐渐成为人们放松身心、增长见闻的一种休闲方式，越来越多的人喜欢通过旅游在国内欣赏祖国的大好河山、去国外欣赏异域风情。在这样的背景下，旅游行业蓬勃兴起，旅游业作为一种新兴产业和朝阳产业获得了快速的发展，而且发展潜力巨大、发展前景光明。与此同时，以旅游

活动为前提、以商品经济为基础的旅游经济也获得了良好发展。但是，随着近年来旅游业和旅游经济的快速发展，也逐渐暴露出一些新情况、新问题，如在旅游业和旅游经济快速发展影响下的环境污染、生态破坏、旅游资源紧缺等问题逐渐显现，这显然不符合旅游业发展的初衷，也不利于旅游经济的长期良好发展。循环经济遵循生态学和经济学原理，是在遵循和利用生态学规律的前提之下对社会经济活动的指导，注重和追求在资源循环利用的基础上实现经济的增长。为了实现旅游资源的可持续发展，循环经济视角下的旅游经济管理创新显得尤为必要，而且刻不容缓。将循环经济的相关理念渗透和融入旅游经济管理中对于完善我国旅游经济管理具有重要的意义和价值。以循环经济为立足点，创新旅游经济管理方式是新时期、新的社会形势下我国旅游经济管理朝着良好状况和光明前景不断发展的有效路径。

一、循环经济的概念简述

循环经济也可称之为资源循环型经济，其以资源节约和循环利用为特征，不过分依靠资源来寻求经济的增长，是一种与环境相和谐的经济发展模式，主张在对于资源的循环利用、综合利用中促进经济的增长，并注重经济系统和生态系统的和谐统一。循环经济强调低开采、高利用、低排放，能够实现资源的合理利用与配置，使资源和能源在持续进行的经济循环中得到合理与持久的利用，尽可能减少资源、能源消耗和废气、废物排放，以最大程度减小经济活动对于自然环境带来的影响，缓解日益严重的生态危机。20世纪60年代，循环经济的相关思想在美国出现，一直到90年代中期，循环经济的相关思想和概念才在我国传播和产生影响。循环经济作为一种以资源高效利用和循环利用为核心的符合可持续发展理念的经济增长模式受到了社会的广泛关注，并在解决我国资源对经济发展的瓶颈制约中发挥出了重要的作用。

二、当前我国旅游经济管理面临的挑战

（一）旅游资金投入不足

人们在旅游过程中的吃、住、行、游、购、娱等环节都是现代旅游业所关注的重要内容，需要大量的资金投入。随着近年来我国经济的快速发展，经济水平不断提高，由于部分地区财政收入有限、支出庞大，在涉及民生问题上往往投入较多，而用于旅游业的资金往往较少，以至于旅游市场的基础设施建设比较落后，甚至部分地区基础设施依然相当缺乏；同时，在一定程度上影响着旅游景区自身旅游资源优势的有效发挥，对旅游经济管理形成了严重的制约，带来了极大的挑战。

（二）缺乏科学的管理机制

旅游景区经营者、管理者在通过一定的方式获得旅游资源使用权的同时为追求最大化的经济利益而采取粗放经营、粗放管理的行为和方式，这在一定程度上导致许多的自然资

源会遭到直接的破坏。而这种情况或者现象的出现，究其原因，主要是我国在旅游业的快速发展中健全的法律保障相对比较缺乏，以至于旅游经济管理也缺乏科学的管理机制，导致管理漏洞的出现。在缺乏全局意识和可持续发展观的状况下对于资源盲目开采和利用，会造成旅游景区运营状况的不断下降，不利于旅游业的长期良好发展。另外，在蓬勃发展的现代旅游业中部分旅游景区管理能力有限、监督机制缺乏等问题为整个旅游行业的发展带来了极大的影响，同时在一定程度上也降低了旅游经济管理的水平，使当前旅游经济管理面临极大的挑战。

（三）盲目开发和利用自然资源

部分旅游经营者一味追求短期经济利益，在没有对景区进行调查和科学分析的情况下为了满足和迎合游客的喜好而盲目地、不计后果地对资源进行开发与利用，忽视了旅游资源的可持续发展，导致旅游资源的紧缺和匮乏，对生态系统带来了严重的影响。特别是在一些新的旅游景区的开发过程中，为了实现短期内经济效益的快速提升，盲目地开发和建设，以至于一些不可再生资源在旅游景区盲目的开发和建设中被过度浪费、过度消耗，甚至对一些自然资源造成永久性的毁灭。这种对自然生态资源的盲目性开发和利用源自旅游经营者"重开发、轻保护"的思想，给生态平衡带来了严重的破坏，与可持续发展观相违背。同时，也为后期的治理带来了极大的困难，势必也要付出极大的代价，甚至付出再大的代价也不能弥补对自然资源造成的伤害。

（四）旅游产品缺乏个性

大部分游客在旅游过程中都喜欢购买一些旅游产品作为纪念，这在一定程度上使旅游产品成了旅游景区经济效益的重要组成部分，也是旅游景区经济效益提升中不可忽视的重要方面。但就旅游业的发展现状而言，现代旅游业旅游产品的个性化缺失依然严重，在不同的旅游景区旅游产品却千篇一律、大同小异。旅游景区传统的产品设计逐渐不能满足人们日益提高的多元化需求，缺乏个性化的旅游产品难以对游客形成足够的吸引力，不利于游客对景区形成深刻印象并再次或者推荐其他人前来旅游，不利于旅游经济的可持续发展。

三、循环经济视角下旅游经济管理创新的路径探索

（一）加强旅游基础设施建设

旅游业是新时期、新的社会形势下具有光明发展前景和巨大发展潜力的朝阳产业，在经济发展中发挥着举足轻重的作用。所以，不管是国家层面，还是地方政府，抑或是旅游经济管理部门都要正确认识其在经济发展中的重要作用，并提高重视程度，加大旅游资金投入，提高旅游基础设施建设水平。与此同时，还要以循环经济为指导，大力发展生态旅游业，在保护生态环境的基础上推动现代旅游业的良好发展，做好新时期的旅游经济管理工作，为区域经济的不断进步提供重要保障。

（二）注重全面创新，完善管理机制

注重和实行全面创新是生态旅游业发展的必然要求，同时也是循环经济视角下旅游经济管理创新的迫切要求。首先，要从管理制度上进行创新，不断完善旅游经济管理机制。对于国外先进的旅游经济管理经验我们要积极借鉴，对于一些科学有效的旅游经济管理办法我们也要积极学习，并结合我国旅游业的发展水平和发展状况，对相关体制、法律和政策进行统一，并制定出符合我国国情和适宜现代旅游业发展的管理机制，采取科学的经济管理满足现代旅游业的发展需要，促进旅游资源的节约和循环利用，提高旅游资源的经济利用率。其次，还要加强旅游经济管理人才队伍建设，注重人才培养，为实现循环经济视角下的旅游经济管理标准化、专业化以及科学化提供重要支持和重要保障。

（三）做好景区的规划和评估工作

循环经济视角下的旅游经济管理创新要注重生态学和经济学的有机结合。在建设旅游景区之前要做好景区的规划和评估工作。首先，要对当地的相关资源和景观构成要素、资源再生能力、承载能力等进行详细的调查与了解。其次，进行旅游景区的科学规划，在经过事实论证之后进行理性的开发和建设。要提高旅游资源的利用率，并尽可能减小对生态系统的破坏，在不打破生态平衡的前提下实现旅游资源的可持续发展。循环经济强调对于资源的节约和循环利用，循环经济视角下的旅游经济管理也要注重景区的规划和评估工作，不但要有效避免过度开采旅游资源现象的出现，也要尽可能规避盲目投资给现代旅游业带来的不利影响，在提高经济效益的同时达到生态系统的平衡，实现生态和经济的协调与统一。

（四）注重旅游产品创新

旅游经营者要充分认识到旅游产品对提升景区经济效益的重要作用，注重旅游产品创新。例如，在文化创意产业快速发展浪潮下，旅游景区可以充分利用地方传统文化进行旅游产品的设计，将地方传统文化和产品设计进行有效融合，突出旅游产品的特色，并在产品材料的选用中特别强调绿色健康、生态环保，尽可能选择那些可再生或者可以循环利用的材料。这样，不但对地方优秀传统文化进行了宣传和传播，而且使旅游产品更加具有地方特色，也给游客形成深刻而良好的印象，并吸引其再次或者推荐其他人前来，促进当地旅游业和旅游经济的发展。

第三节　生态旅游经济管理的重要性及优化

生态旅游是中国旅游业依据环境影响因素确立的全新的旅游形式，具备保护当地民众生活和维护地区生态环境的重大职责。当前，生态旅游经济出现了盲目开发生态资源、严重扰乱了生态平衡、缺少环保性和没有完善的管理机制等问题，阻碍了生态旅游的进步。因此，本节从生态旅游经济管理重要性和有关问题入手，针对存在的问题提出健全生态旅游管理机制、强化景区规划工作和贯彻生态旅游创新理念等优化措施，旨在为生态旅游经济管理人员提供借鉴。

生态旅游身为一个新崛起的旅游形式，在开展生态旅游活动中，不但担负起维护生态环境的责任，而且担负起提升当地民众生活水准的任务。生态旅游经济得到大家的认可，不但深层次地发掘了旅游资源，而且推动了经济的进步。但是，在客观生态旅游项目宣传的环节里，因商家混乱地宣传，导致旅游项目景区长时间处在超负荷载客的情况，损坏了生态旅游"绿色环保"的特色。为达成生态旅游活动的可持续发展，要改进生态旅游经济管理体系，达成自然景观可循环游览的目标。

一、生态旅游经济管理的重要性

首先，开展生态旅游经济管理工作可以让生态旅游项目的宣传方式更为多样化，符合旅游者的精神需求，能够推动当地经济的可持续发展。此外，能够改进中国总体的产业结构，达成旅游服务贸易等有关领域的升级，为当地经济提供新的动力，从而推动国民经济朝着高质量的方向发展，让大家可以一起享受改革进步带来的利益。

其次，开展生态旅游经济管理工作，可以为各国旅游者提供跨文化沟通的媒介，让更多游客可以参与到生态旅游项目里，继而深化对这个区域经济文化的认知，为区域经济文化的进步添加新内容。

最后，改进生态旅游经济管理，可以更新大家对旅游开发的了解。以往开发旅游主要是为了得到更大的经济利益，对维护生态环境没有合理的了解，不但阻挠了当地旅游业的持续进步，而且对当地民众生活状况和生活水准造成了不良影响。依靠生态旅游经济管控，可以把维护生态环境融进旅游资源开发里，尽力地发掘出生态旅游里专有的绿色环保特性，维护生态平衡。

二、当前我国开展生态旅游活动存在的问题

（一）生态旅游项目资源开发存在盲目性

在开发生态旅游项目资源时，假如并未对当地经济、自然环境分布情况、人文特性等实施深度的调查，开发出的相关资源就有盲目性。此外，在开发全新的生态旅游项目时，大范围出现超标追逐旅游经济效益的状况，并未结合旅游开发的有关项目经验来部署新的生态旅游项目整体规划。此种重视开发、轻视保护的理念对地区的生态平衡形成非常大的干扰，导致出现不可再生资源超标消耗的情况。加之有关政府职能部门执法水准不足，导致生态旅游活动不再具备生态效益，很大程度上阻碍了生态旅游的发展。

（二）对当地的生态平衡造成不可逆转的破坏

尽管开发生态旅游项目资源的目的是推动地区经济进步，但这并不代表要随意地建立宾馆、山庄等项目。某些景区管理人员并未对这些项目的打造与自然环境间的平衡进行把控，导致建造好的宾馆、山庄等设施和周边景观存在冲突。此种不合理的规划与打造，不但导致生态旅游丧失了最初的追求，而且导致当地的生态平衡出现无法挽回的损失，不利于生态旅游的长期发展。

（三）不重视生态旅游项目地的环境保护

长久以来，因不科学的生态旅游项目开发观念的存在，中国大多数生态旅游景区的土壤和空气等自然资源被严重污染，导致生态旅游的价值严重受损，这对当地民众的生活情况形成很大的干扰。加上生态旅游经济管理事项很难和生态旅游相融，导致生态旅游项目在开发时没有得到合理规划，从而造成相关的旅游活动无法健康发展。

（四）未建立系统化的生态旅游经济管理机制

因中国的情况比较特殊，生态旅游项目在开发中出现旅游资源产权和使用权分隔开来的情况，同时还没有创建系统化的生态旅游经济管理制度，导致某些生态旅游项目运营方出于追逐更大旅游经济利益的考量，通常使用粗放的运作模式。此种过度开发的管理办法造成生态旅游项目景点的运作水平持续降低，减弱了生态旅游经济管理的能力。

三、生态旅游经济管理的优化措施

（一）突出生态旅游项目特色优化生态旅游经济管理体系

首先，在开发生态旅游项目的过程中，要对当地的经济水准、自然条件和人文特色实施深入调查，做到符合当地实际发展情况。为此，要从总体上解析当地生态旅游资源的结构，在开发中可以科学地使用该地区的旅游资源，继而重点体现出生态旅游项目里自然生态等特色，让大批游客乐于参观。其次，生态旅游项目的开发是整体性的任务，为切实地增强生态旅游经济管理能力，要综合当地既有的相关项目实施整体部署，还要为已经开发的有关的做法编制符合实际的生态旅游经济管理制度。最后，生态旅游项目在开发时会或多或少地对当地的生态造成损坏，为了真正让这种破坏的影响降到最低，要科学地限制有关项目的开发速度和人员的数目，防止过度开发导致环境无法承受。

（二）引入新型生态旅游经济管理理念实现生态旅游项目可持续发展

首先，要引进全新的生态旅游经济管理思路，达成管理机制上的高效创新。因此，要增强生态旅游经济管理人员的培育水平，按时举办生态旅游的讲座和相关的专题研讨会，让有关工作人员可以在学习、沟通、反省里持续提升自身的管理能力，继而改进生态旅游项目的管理方式，让其向着环保、正面的方向进步。其次，要用新理念改进管理方式。在升级生态旅游项目过程中，要收集、梳理各国有价值的相关管理做法，综合当地的生态旅游构成，科学选定对应的管理经验，并实施改进调节，让项目具有浓重的地方特色。最后，要在旅游产品上开展创新。在推进生态旅游项目中，还要融入当地文化产品的特有要素，推动旅游区域释放出地方气息，深入地发掘当地的生态旅游资源。

（三）提升生态旅游项目整体服务质量

一方面，要尽快改进目前已经打造好的生态旅游项目的有关服务设施，同时在改进的过程中要思考到将要升级的服务设施能不能对景区的生态形成干扰。另一方面，要强化服务教育的水准，依靠改进服务的办法来渗透人本理念，让生态旅游管理的内容变得更为丰富，推动生态旅游经济的长远发展。

总之，生态旅游经济管理是推动经济、旅游管理和生态环境管理三个方面综合优化发展的结果。飞速进步的经济毫无疑问对生态旅游产业造成了很大的压力，为此，就要求生态旅游管理的相关部门对目前的发展情况进行思考，编制出符合现实情况的经济管理方法，主动健全管理机制并开发独具特色的旅游资源，处理好生态景观的策划和评估问题。在增强经济获利能力之余，让民众的生活条件变得更加美好，基于这样的出发点，才可以让生态旅游经济管理的水平达到新的高度。

第四节　中国旅游循环经济管理

近年来，国内旅游循环经济的理论研究发展较为迅速，但是其实践还处于起步阶段。本节从循环经济的内涵入手，分析了中国旅游经济现存的问题，并探讨了旅游循环经济管理创新。

旅游循环经济是在循环经济逐步发展的背景下，不断探索旅游可持续发展的现实途径的结果。旅游循环经济是循环经济理念在旅游产业中的体现，是实现旅游可持续发展、推进循环经济全面深入发展的重要路径。本节对中国旅游循环经济管理存在的问题进行探讨，并推出对策，以期为旅游循环经济的健康发展提供科学依据和理论指导。

一、对中国旅游循环经济管理存在问题的分析

旅游市场法规体系及监督机制不健全。中国旅游经济发展迅速，而旅游法规建设严重不适应旅游市场发展的要求，现代旅游企业制度和现代旅游行业组织还没有建立，一些地方政府缺乏旅游可持续发展的意识和管理机制。由于旅游经济管理涉及旅游、财政、物价、公安、交通、文化、劳动和卫生等政府职能部门，具有综合性，所以要求必须通过政府牵头、部门联合行动。但是目前中国的旅游经济管理体制不完善，各级旅游主管部门的职能任务不明确，管理水平参差不一，职权相对比较薄弱，职业素养高低不同，难以形成强大

的旅游经济管理合力，也就难以对旅游行业进行有效的管理。

旅游经费投入侧重不合理。旅游产业囊括了吃、住、行、游、购、娱六大要素。由于一些地方政府财政收入较少，财政相对困难，这就间接造成了对旅游设施的投入不足，基础设施不健全，导致天然优良旅游资源的严重浪费和闲置。由于旅游服务设施只有少量投资，导致旅游服务和设施不配套与落后，这就造成了花大量人力、物力、时间开发的旅游资源没有实现有效的利用。旅游景区主要通道的道路周边绿化程度低，连接游览景区的道路和景区内游览通道的建设落后，污水、垃圾处理系统等基础设施的建设非常薄弱，这些都制约了旅游经济管理的高效运作。

旅游景点"重开发、轻保护"现象严重。在短期利益的驱动下，各种旅游经营者急功近利的盲目开发活动和游人不当的旅游活动现象屡见不鲜，严重违背循环经济发展的要求。不仅在资源开发之初不考虑环境和资源问题，在某个已经开发的资源遭到破坏后也没有及时进行保护和弥补，直到当地的生态环境遭到完全破坏。这种旅游资源开发模式完全是鼠目寸光的行为，更谈不上贯彻"减量化—再利用—再循环"（3R）的原则了。为保护而保护的纯事后行为也经常发生，即在开发旅游资源之初完全没有考虑 3R 原则，当造成严重的甚至是毁灭性的后果时才意识到保护，后果是以资源的破坏和高额的治理费用为代价的。

旅游产品不精致、无特色。产品供需错位是现在的旅游景区普遍存在的问题。一些旅游景区的产品往往没有特色，还用的是以往的主体和方案，不能进行个性化产品设计，满足不了游客的需求，会导致游客数量的逐渐减少，最后在激烈的竞争下被市场所淘汰，难以实现旅游经济的可持续发展。一些旅游景区尤其是主题公园试图为游客提供更加丰富、新颖的体验，但由于缺乏独特性设计、游客难以留下深刻印象，客源随之慢慢萎缩，难以实现旅游经济的可持续发展。另外，旅游产品的低水平重复建设导致恶性的价格竞争、行业的高失败率。

旅游景区超限量接待现象严重。可持续旅游的首要标志是旅游开发与环境的协调。因此，作为旅游环境系统与旅游的环境承载力，应成为判断旅游业是否能可持续发展的一个重要指标。随着旅游产品和大众旅游需求之间的矛盾凸显，旅游供给短缺的问题比较突出。在眼前利益的驱使下，许多旅游景区并没有对旅游区的承载能力进行科学的考察，特定的时期旅游景区人满为患，严重超出了环境的承载力，不但导致旅游资源破坏和退化，而且会引起生态系统失衡和环境质量恶化。

二、提升中国旅游循环经济管理水平的对策

大力促进系统观创新。旅游业是一个综合集成式的复合系统，不仅涉及旅游业的吃、住、行、游、购、娱六大要素及相关产业，还涉及旅游管理者、开发经营者、当地社区、当地居民、旅游者等的行为，也涉及资源、环境、社会、经济、科技等自然与人文要素，必须在科学发展观指导下，建立起系统控制、系统优化的系统观。循环经济观要求在考虑生产和消费时从这个大系统的一部分来研究符合客观规律的经济原则。要牢固树立大旅游

观、大资源观、大开发观、大发展观。必须从大局出发整合好旅游资源，用品牌景区、景点带动周边的旅游景区、景点发展。通过社会化投入和市场运作，实现旅游资源有效整合，增强旅游产业的发展活力。要对旅游发展未来状态进行科学的设想、设计，使旅游业得到可持续的发展。

大力促进经济观转变。旅游循环经济要按照生态经济学、环境经济学、文化经济学的原理与方法，充分发挥知识经济、体验经济、技术经济的作用，最大限度地优化配置资源、提高资源环境的利用率和利用效益，充分考虑旅游资源承载力、旅游环境承载力、旅游社区承载力、旅游者心理承载力等旅游承载力体系，以保证旅游业科学、有效地发展。要做到旅游区域管理与环境容量相结合，既满足游客舒适、安全、卫生、方便等旅游需求，又保证在旅游资源质量不下降和生态环境不退化的条件下，取得最佳经济效益，这是旅游经济管理中的重要环节，以免对资源进行掠夺性利用，从而实现资源承载能力之内的良性循环，使生态系统平衡地发展。不能有效地控制游客数量，就可能发生游客过度拥挤，破坏生物栖息环境和天然植被的局面。

大力促进环境伦理观提升。旅游循环经济要建立环境友好型的社会，树立新的环境伦理观。环境伦理的核心，是建立真正平等、公正的人与人、人与自然的关系，倡导和谐发展与共存共荣。应认识到人类应与自然保持和谐相处、协调进化的关系，人以外其他生物、物种、生态系统以及自然界所有的存在物都具有其内在价值，生态系统和自然界还有其系统价值，有继续存在下去的权利；人类作为自然界进化的最高产物，对其他生命和生命支持系统负有伦理责任。实施旅游循环经济应培养尊重自然、爱护生态、保育环境的伦理情操，并将环境伦理运用于节约资源、生态恢复、环境整治、清洁生产、减少污染、绿色消费、护育自然等之中。遵循维护环境的生态平衡，尽量开发不影响或少影响生态环境的旅游项目，特别要根据森林公园、自然保护区的不同类型来开发不同的旅游项目。

大力促进生产观转换。循环经济的生产观念是要尽可能地节约自然资源，不断提高自然资源的利用效率，循环使用资源，创造良性的社会财富。其3R原则要求在发展旅游业过程中采用清洁生产、节能生产、节约型生产、再生型生产、绿色生产等生产发展形势，树立起新的生产发展观。在旅游开发建设和产品设计过程中，在旅游产业吃、住、行、游、购、娱六要素配置过程中，均要遵循生态系统平衡原理，按生物链发展要求，采用新的生产发展观来运行，以求经济、社会、生态的统筹和谐发展。在生产中尽可能利用高科技，以知识投入来替代物质投入，以达到经济、社会与生态的和谐统一。加快推进国际标准化组织（ISO）《环境管理体系——要求及使用指南》（ISO 14001）的实施，以"绿色采购""绿色服务"和"绿色消费"理念引导企业组织的发展方向，促进各类组织节能降耗、减轻污染、提高效益。

大力促进消费观改革。旅游循环经济要求人们改变消费观念，提倡旅游的精神文化消费、适度的物质消费，尽力做到消费文明化、减量化和无害化，提倡合理、健康、有限量的消费行为，努力使旅游消费行为不破坏生态系统的良性循环，使人类与自然之间建立起亲密的伙伴关系。旅游绿色消费要求以税收和行政等手段，限制以不可再生资源为原料的一次性产品的生产与消费，促进一次性产品和包装容器的再利用。完善"产、学、研、官、民"的合作体制、产品的标示制度，鼓励公众购买旅游循环经济产品；在政府采购中，确定购买旅游循环经济产品的法定比例，推动政府绿色采购等。3R 产业发展和资源环境改善要求以政府和企业为主体，鼓励支持政府、企业、学校和研究机构的合作，加强社区参与，促使全社会关注旅游循环经济的健康发展。

大力促进宣传教育体系完善。宣传教育具有信息传递、舆论导向和监督、规范公共行为和普及知识的功能，是实现公众参与的前提。旅游循环经济需要加强社会宣传教育，提高公众的参与意识和参与能力。只有通过加强教育和社会文化建设、树立旅游循环经济的理念，才能使政府、企业和社区公众提高对规划的理解力与接受力，并将有关规定落到实处。要充分利用广播电视、报纸杂志及各种文学艺术等多种宣传渠道，广泛宣传、普及循环经济理念，加强舆论监督；将生态环境、循环经济的科学原理等基础知识列入各级各类学校的基础教育，以学生影响家庭，以家庭影响社会，最终增强全社会的循环经济法制意识和环境道德观念，使社会各阶层人群了解并认可旅游循环经济；在旅游区建立各种标识系统和通过各种媒体与手段等，教育引导游客进行生态旅游和绿色消费等。

循环经济是解决发展经济与保护环境之间的矛盾而采取的一种新型发展模式。面对旅游业现存的种种弊端，发展循环经济不仅适合中国的国情，也是构建环境生态安全的重要内容。旅游循环经济制度建设是促进循环经济健康发展的有效载体，是增强国家旅游综合竞争力的现实选择。

第五节　旅游企业经营管理中的假日经济

假日经济在一定程度上促进了旅游业的发展，但这又给旅游企业带来很多压力和经营管理问题，影响旅游业的健康发展。旅游企业管理中如何把握假日经济，使其真正地促进旅游业的发展值得探讨。

自 1999 年国家对节假日进行宏观调整形成五一劳动节、春节和国庆节三个黄金周后，我国开始出现假日经济。近年来，随着国民经济的发展和生活水平的提高，市民出游率呈上升趋势，假日经济更是火爆，极大地带动了旅游业的发展。但我国旅游业管理水平较低，在管理方面存在许多矛盾、缺陷，阻碍了旅游业的健康发展。旅游企业要想获得更好的发展，必须抓住机遇，认识到假日经济的重要性，制定有效的策略，做好经营管理，弥补其中缺陷。本节简要探讨一下假日经济对旅游业的影响及如何制定有效策略促进旅游业的健康发展。

一、假日经济对旅游业的影响分析

旅游消费在各种休闲消费中，发展速度最快，潜力最大，并且旅游消费间接地推动多方面的发展如饮食、交通等。所以，旅游不仅是假日经济的重要组成部分，还对假日经济的发展起着导向性作用。由此可见，假日旅游经济在刺激消费、促进旅游业的发展、提高人们生活水平、推动国民经济又好又快发展中发挥着重要作用。假日经济为旅游业带来极大的发展空间。

（一）旅游人数剧增

在节假日期间，许多市民都选择外出旅游，旅游人数急剧增加，许多线路比较火爆，几天内车票就被抢订完。另外，在旅游地及一些著名景点，人数也不断增长。自节假日宏观调整以来，据统计，许多旅游景点的人数持续大幅度增加。由此看出，假日经济为旅游业的发展带来了生机，对旅游业快速发展做出了重大贡献。

（二）旅游收入增加，旅游餐厅兴旺

节假日，旅游行业比较受大众青睐，旅游消费得到了前所未有的发展。旅游行业的收入也呈上升趋势，旅游收入在国民经济和地区经济中占的比重不断增大，极大促进了经济发展。在节假日期间，旅游人数较多，饮食消费也得到极大发展空间。许多餐饮馆尤其是特色餐饮馆，供不应求，消费者爆满，在节假日的收入是平时的几倍。一些特色产品也深受消费者的喜爱，很快销售一空，餐饮业收益较大。

（三）交通运输方面，旅游交通繁忙

节假日期间，交通空前繁忙，开往旅游地的所有交通工具都满座，甚至交通运输部门不得不另辟旅游线路，增加交通工具数量，满足人们需求。节假日期间，交通部门的收入也是平常的几倍，获得较大的经济效益。

二、假日经济中我国旅游业经营管理的问题分析

假日经济使各方面都获得了较大的经济效益，其中旅游企业获益最大，旅游收入持续增加，有良好的发展前景。但是，假日旅游业也带来了许多消极影响，给我国旅游业带来许多问题，影响旅游业的可持续发展。

（一）一些著名景区供求矛盾严重

一般情况下，在节假日期间，著名的风景名胜区，资源好，吸引游客能力较强。因此，知名度越大，人越多，往往人满为患。这使游客无法享受景区特色和悠闲假期，给游客带来许多麻烦，并给旅游企业带来巨大的压力。这种供给和需求之间的矛盾，往往会导致消费者满意度下降，使景区服务质量不能保证，旅游者和旅游企业的消费矛盾与纠纷，影响知名景区声誉，给旅游业带来负面影响。

（二）内部管理上的问题

工作人员素质的整体水平不高，保持旧观念，缺乏职业的道德素质教育，过分关注经

济利益，而忽略了优质的服务保证。从公司管理的角度来看，缺乏科学经营理念及健全的财务管理制度。松懈的财务管理，缺乏财务监督意识，这导致企业资产流失严重。由于管理思维的局限性，国内旅游行业的企业主要以价格为主要营销工具，不注重售后服务保证。对于旅游产品的深度发展，以创新求发展，营销模式的创新，是当前需要解决的问题。

（三）盲目开发现象严重

假日旅游的兴起及各种优势激发地方政府打造品牌的决心。想开发旅游业，必须做好旅游规划。在规划中，由于地方政府过分关注经济效益，忽视旅游规划的科学性，往往造成旅游设施结构性失衡和资金浪费。

三、面对假日经济，旅游企业经营管理措施

（一）推行分时、分地带薪假日旅游模式

这种旅游模式对解决景区供需矛盾、调节淡旺季落差、缓解假日旅游消极影响具有重要作用。企业应根据自身特点，规定员工的放假时间。当假日来临时，企业可以选择推迟或提前放假，避开高峰期，不仅增加员工旅游机会，还有效地减轻了景区压力，有利于景区的可持续发展。

（二）提高管理水平

旅游企业先建立一个好的网页，做好宣传工作，在节假日来临前，策划几项新计划、新项目，吸引旅游者。并且在旅游活动的过程中，旅游企业应提供细致入微的服务，尽量满足游客的需求，还要建立完善的信息反馈系统，帮助旅游企业获悉自身的缺陷，并做出相应的改变。还应该着眼于提高管理人员素质水平，制定行为规范制度以及奖惩制度，既要规范员工行为，也要调动员工的积极性，提升员工素质水平，促进旅游企业健康发展。

（三）设计好主题，给旅游业注入新的活力

旅游企业给每次节假日设计一个鲜明独特的主题，让旅游者有一个新的不一样的独特体验。充分结合景区的自身特点，利用颜色、形状、图案和声音等刺激感觉器官，让消费者充分放松心情。让游客参与企业产品服务消费的过程中，让消费者通过自己的体验和旅游企业形成有效的互动，营造健康、活跃的旅游氛围。

国民经济的发展和人民生活水平的提高推动假日经济的产生，反过来，假日经济又间接地推动旅游业和经济的发展，服务于人民。现在，假日经济对旅游业的影响日益明显，旅游企业如何把握好这一机遇，克服经营管理中的问题，推动旅游业的发展，值得深入探讨。

第六节 高职旅游管理专业与区域经济的融合

高职教育在国家经济发展的背景下发展迅速，职业教育为地区的经济发展起到了人才助推器的作用。武汉市也不例外，通过分析武汉地区高职旅游管理专业在与区域经济融合中存在的问题，提出了有针对性的解决建议。

高职教育是中国教育部借鉴发达国家的教育模式，尤其是德国、美国、新加坡等制造业发达国家的高等教育模式，结合中国国内的实际，从高等教育中独立出的一种全新的职业教育模式。高职教育从官方正式设立到如今时间较短，比不上国外几十年的发展经验，但是由于国内经济高速发展、制造业和相关现代服务业的发展，以及国内家长对高等教育的渴求、地方政府对高职教育的大力支持，国内的高职教育蓬勃发展。高职教育越来越受到国家政府决策者的重视，教育部多次在会议中指出要把高职教育做大做强，高职教育要占到中国高等教育的半壁江山，很多本科学校也要在大形势下转型成职业教育，在招生和考试的改革中，高职教育要独立于本科模式，形成技能优先的独特模式。

一、武汉地区高职旅游管理与区域经济融合存在的问题

（一）人才培养方案定位与区域经济不协调

武汉地区的高职旅游管理专业的人才培养方案与其他地区存在雷同现象，很多学校在制定人才培养方案的时候，没有经过专业的市场调研和专家认证，很多直接从网上直接下载而来，没有考虑本地区的区域经济特点和学校实际。还有很多高职院校的人才培养方案老旧，很多理论性较强的课程依然开设，如旅游经济、景区旅游规划等。当今高职教育是体现课程的职业性，并且课程的教育与岗位对应，通过课程为载体来提高学校的实践技能。

（二）专业与区域经济结合不密切

2011 年 11 月 26 日，教育部副部长鲁昕在《充分发挥院士高端引领作用，加快职业教育科学发展步伐》讲话中指出高职办学定位决定了高职院校要积极面向区域经济的发展，对接区域产业布局，关注产业结构调整，树立服务社会的理念，不断满足区域社会发展的需要，积极践行服务功能。社会服务能力的增强不仅是高职院校自身生存与发展的需要，更是社会生产发展和地方经济建设发展的需要。通过以上的谈话得出，国家大力支持高职教育是为了促进地区的经济发展。同样高职旅游管理专业的专业要紧密贴合武汉地区旅游的实际，包括课程的设计、课程的内容、实践教学体系等。武汉地区的高职旅游管理在以上各方面与武汉地区的旅游区域经济的发展存在一定的差异。

（三）专业教师能力局限

高职教师的素质是高职人才培养质量的有效保证，高职教师素质要求相比传统的教师有着明显的差异，不仅要有相关的理论和研究能力，更重要的是相关的职业能力和先进的职业教育的教学方法与手段。武汉地区的高职旅游管理专业教师普遍学历学位较高，很多学校基本是全体硕士以上，职称结构也较合理。目前最主要的问题是实践能力的不足，尤其是武汉地区旅游行业所需要的实践技能存在一定的欠缺。

（四）学校与区域企业融合有待加强

武汉是湖北省的中心城市，武汉地区的旅游企业众多，按照分类主要有酒店、旅行社、景点运营等。武汉地区很多高职学院没有积极地与区域的企业合作，根据调查武汉地区高职院校很多旅游专业的学生去了一些经济发达的省份，如浙江、江苏和广东。武汉高职院校培养的旅游管理的人才纷纷外流。武汉地区高职旅游管理专业的负责人要积极与武汉地区的旅游企业合作，在政府的协调下形成良好的校企合作模式。

（五）高职办学条件制约与区域经济的融合

武汉地区很多高职院校由于经费有限，在专业建设方面费用分配不是很均衡，大部分资金流向了很多对设备要求比较高的工科专业，在旅游管理专业的实训室建设方面显得有些不足，很多学校的客房、餐厅等设备不足，学生实践的机会较少。有少数学校当初申办旅游管理的专业初衷就是对师资和硬件的要求较低，没有达到专业教学的要求就上马进行专业的开设、招收学生，办学条件的制约在一定程度上降低了人才的培养质量。

二、对武汉地区高职旅游管理与区域经济融合的建议

（一）通过对武汉地区旅游市场调研，制定个性化人才培养方案

合理的高职培养方案是需要一些步骤的，最后通过论证而来。为了更好地制定武汉地区旅游管理专业的人才培养方案，首先要成立专业调研团队，通过实地走访企业，收集相关的数据，与企业人事经理的问卷调查，得出武汉地区旅游行业缺口最大的行业方向，对该方向进行仔细研究，得出学生所需要的实践技能，最后转化成相关的理论教学和实践教学体系。

（二）专业方向与区域经济的融合

武汉地区的旅游行业除了传统的旅游形式外，出现了一些新的旅游方向，如会展业务。而武汉会展业，在 2012 年之前都是在百万平方米以下，在 2012 年突破了百万平方米，比如去年糖酒会，带来了参观群众 15 万人，未来像这样大型的展览会在武汉会越来越多。武汉展览面积很有希望在 2015 年突破 200 万平方米。会展业在武汉未来有相当大的发展空间，将成为下一阶段内的经济发展大势。会展行业有很大的带动作用，有关专家就提出

会展行业带来的投入与收益比是 1 ∶ 9，即会展行业 1 倍的投入将带来 9 倍的经济价值。会展行业也是武汉地区重点发展的产业。武汉地区的旅游管理专业要积极调研武汉的会展行业，沿着会展相关的方向，为武汉的会展业培养合格的人才。除了会展外，武汉地区的邮轮行业也有一定发展。武汉地区是中国重要的船员培养基地之一，伴随海员培训的海乘培养也是旅游管理中一个特色方向。

（三）专业教师素质与区域经济的融合

为了提高教师的素质，武汉地区的旅游管理专业要缔结一个类似的旅游管理师资协会，通过协会的指导来创造一些机会。一方面，可以多开展一些师资的经验交流会和课程的观摩会，通过专业建设实力强的学校来带动薄弱的学校，尤其是实训的建设；另一方面，协会可以开展一些集体的企业调研活动，并且可以做到企业的资源共享。每个学校要健全相关的教师实践顶岗的政策和经费的保障机制，积极把教师在没有后顾之忧的情况下推向市场和企业。

（四）校企合作模式与区域经济的融合

为了形成了良好的校企合作模式，武汉地区的高职旅游管理专业的教师要和企业有一个长期的互动机制，形成良好的合作共赢关系。最常见的模式就是校企订单班模式，目前武汉的很多高职院校和武汉地区的旅游企业开展订单合作，进展情况良好。除了传统的订单班，还可以积极尝试在用工高峰期的顶岗实习。此外，高职院校的师资和良好的学习环境则将可以成为企业员工的在职培训基地。校企合作是一个尝试阶段，目前合作中还存在一些问题，只能在边摸索边实践中得到解决。

（五）专业实践教学环境与区域经济的融合

区域经济内的企业为专业提供校外实训和实习基地，一方面可以提升学生的实践能力；另一方面可以有效缓解部门单位的人员不足，学生实习可以得到有力的补充。校内的实训环境也要紧跟区域经济发展步伐，专业教学环境除了基本的多媒体教室外，还需要有其他相关的支持，如精品共享课的建设、专业图书资料室、实训室的建设等。其中实训室是最重要的环节。为了服务武汉的区域经济发展，实训室的建设要突出武汉特色，在武汉导游课程中，可以模拟建设一些武汉一日游中的场景，让学生在每个场景前有针对性地讲解。在餐厅实训室中可以较多的出现武汉地区的特色饮食等。还有武汉的两江游产品都可以在实训室里得到体现。教学环境的建设不是一日建设，武汉地区的高职学校要支持旅游管理专业的硬件相关的建设，逐步改善专业教学环境。

第七节　森林生态旅游业生态经济管理机制

本节介绍生态旅游的含义和特点，阐述森林旅游可持续发展的含义和主要障碍，提出建立森林生态旅游业生态经济管理机制的基本途径，以为森林旅游可持续发展提供借鉴。

近年来，随着森林生态旅游业的迅速兴起，森林公园、自然保护区建设与森林旅游为森林资源保护和林业经济的同向发展开辟出了一条成功之路，并成为林业生态和产业两大体系建设的重要组成部分。但在森林旅游业迅速发展的同时，也存在诸多问题，如发展速度与市场需求不适应，投入不足，基础设施差，与吃、住、行、游、购、娱等旅游要素不配套，深度开发不够，缺乏市场竞争力。特别是森林旅游业发展过程中的森林生态环境保护与森林旅游经济发展的矛盾关系日益突出，从长远看，必然成为森林旅游业可持续发展的障碍。森林旅游业可持续发展的根本保障在于充分认识和科学利用生态旅游的特点，建立科学规范的森林生态旅游业生态经济管理机制。

一、生态旅游的含义

（一）提高当地居民的收入水平和生活质量，带动当地经济发展

旅游开发具有两个优点：一是维持当地居民的生态环境质量，提高其经济收入；二是为旅游区筹集资金，为当地居民创造就业机会，有利于当地经济发展。

（二）保护当地自然、历史和文化资源

生态旅游必须和生态环境的保护有机结合起来，让游人在游览、度假、休息、健康疗养的同时，认识和了解自然，增强环境保护意识和生态道德观念，以便在维护良好环境质量的前提下，更自觉地关爱自然、贴近自然、保护自然，维护生态平衡，从而实现人与环境和谐共处。

（三）提供旅游者高质量的旅游经历

生态旅游必须以良好的生态环境为旅游对象，以回归大自然为基调，有特定的旅游观赏内容，如优美的自然景观、丰富的野生动植物以及相关的历史文化特征，使旅游者享受自然、认识自然，满足旅游者的旅游体验。

二、生态旅游的主要特点

（一）保护性

生态旅游也会对旅游资源和旅游环境产生负面影响，但其保护性将其与传统旅游区别开来。管理者应在资源环境容量范围内进行开发利用，要从长远角度谋求经济、社会、环

境的可持续发展。要求游客提高自身素质和环境保护意识，自觉保护旅游资源和环境。

（二）自然性

自然性指旅游生态环境和文化环境的原始自然性，包括三个方面内容。一是旅游项目和线路要体现特定的旅游生态环境特征相对集中、自然地理条件与人文条件和谐相存的要求，使旅游者获得前所未有的心理感受。二是要具有独特的历史和现实文化，其生活方式和文化模式保留纯自然原始状态，从心理文化上吸引旅游者。三是具有独特的自然生态风光，人口相对稀少，生态环境相对原始，受工业化影响程度较低。

（三）专业性

生态旅游活动的专业性，首先源于游客的旅游需求，游客到大自然是整个身心的回归，开发出的旅游产品应使游客在短暂的旅游活动中融入大自然，能够享受大自然、感悟大自然、了解大自然，从而自觉保护大自然，这样的旅游产品的开发没有专业性知识的人是难以完成的。生态旅游活动管理也需要专业性的人才来从事专业性的行为，否则生态旅游对特有的旅游对象的保护，生态、社会、经济效益的协调发展将成为一句空话。

（四）普及性

生态旅游建立在传统旅游基础上。因此，生态旅游不应是高消费和高素质者的特权，只要以了解当地环境的文化与自然历史知识为旅游目的，并能够自觉保护与珍视旅游资源和环境，任何人都可以成为生态旅游者。

（五）参与性

一是让旅游者亲自参与到自然与文化生态系统之中，以便让旅游者领会生态旅游的奥秘，获得独特的经历和旅游体验；二是使旅游者、旅游地居民、旅游经营者和政府、社团组织及研究人员广泛参与其中。

三、森林旅游可持续发展的含义和主要障碍

（一）可持续旅游发展的概念和含义

关于可持续旅游概念和内涵的剖析，国内外研究十分活跃，观点众多。其核心内容可表述为：旅游业既要满足旅游者与当地居民的物质和文化需要，又要保证人类社会未来的发展，保持生态体系、民族文化、生活质量的完整性、多样性和有序性。

可持续旅游发展主要有以下三层含义。一是满足需要。发展旅游业，首先要通过环境资源利用，增加当地居民的经济收入，改善其生活水平，其次再满足旅游者对更高生活质量的渴望。二是环境限制。旅游环境的承载力是有限的，是判断旅游业是否能够可持续发展的一个重要指标。只有将旅游开发控制在承载力的最优值范围内，才能保证环境系统自我调节功能的正常发挥，进而实现可持续旅游。三是公平性。强调有限的旅游资源在当前

和未来的公平分配，要求当代人在满足自己旅游需求的前提下，保证后代公平利用旅游资源的权利。

（二）森林旅游业可持续发展的主要障碍

森林旅游是指在林区内依托森林风景资源发生，以旅游为主要目的的多种形式的野游活动。作为常规旅游的一种特殊形式，游客在欣赏和游览古今文化遗产的同时，置身于相对古朴、原始的自然区域，欣赏自然风光，享受自然乐趣，是具有保护自然环境和维系当地人们生活双重责任的旅游活动。其具有较强的自然性、真实性、科普性和参与性。森林旅游属于生态旅游的范畴，也称为森林生态旅游，具有生态旅游的一般性特征。

森林旅游是一个新兴行业，诞生于旅游与林业的交叉地带，发展时间短，涉及领域多，理论研究少，根本没有科学、系统的理论来指导。纵观目前山西省森林旅游业发展现状，仍以数量扩张为主，森林旅游开发规划缺乏战略性眼光，只注重经济性而忽视生态性的现象极为普遍。森林旅游目标、受益者、管理方式、效果与传统旅游都不一样，强调以保护生态为主，并非追求最大利润。因此，不能生搬硬套传统旅游的发展经验。目前，大多数森林旅游区生态环境监测系统缺乏，无法充分认识周边生态环境的变化，无法科学地测算森林旅游区域的旅游承载量，致使无法对环境变化进行必要的控制。调查发现，目前44%的自然保护区存在垃圾公害，12%出现水污染，7%有空气污染。

四、建立生态经济管理机制是森林生态旅游业可持续发展的必然选择

（一）森林生态经济管理机制

一是森林旅游经济管理。主要包括森林旅游经济发展预测和目标确定，建立健全森林旅游信息反馈系统等诸多活动。具体是指通过计划、组织、指挥和调控等活动，对森林旅游经济系统运行进行干预和调整，以促进森林旅游经济健康、有序和快速发展。二是森林生态环境管理。主要包括环境保护政策的执行，森林生态环境和森林旅游资源保护目标的确定，建立健全森林旅游生态环境系统监测体系，旅游承载量的评估，对游客数量及行为的控制等。具体是指通过计划、组织、指挥和调控等活动，对森林生态系统运行过程进行干预和调整，以维护森林生态系统的良性运行、保障森林资源可持续利用。

（二）森林旅游生态经济系统分析

从生态经济学的角度看，森林旅游业实质上是一个生态经济系统，由森林生态系统和旅游经济系统耦合而成，两者是一个不可分割的有机整体，既相互联系，又相互制约。其中，森林生态系统是森林旅游经济系统的基础，森林旅游经济系统对森林生态系统具有主导作用。

五、建立森林生态旅游业生态经济管理机制的基本途径

（一）构建科学的森林旅游业生态经济评价体系

（1）结构评价。为了对森林旅游内部结构进行调整，协调生态与经济之间的矛盾，对森林旅游生态经济系统内部的生态结构、经济结构和技术结构之间的协调性与相关性进行评价分析，揭示森林旅游活动所形成的生态经济关系。

（2）效益评价。为了准确判断森林旅游发展状况，为森林旅游业生态经济管理机制的良性运作提供客观依据，从整个系统投入与产出之间的对比关系入手，对森林旅游生态经济系统功能所产生的经济、生态和社会效益进行评价，以有效地监控森林旅游生态经济系统运行过程。

（3）环境评价。为了正确调整森林旅游业生态经济结构，需要通过环境评价判断森林旅游活动对不合理利用森林旅游资源所带来的负面影响，以确定森林旅游资源最佳的利用方式和方向。

（4）功能评价。为了判断森林旅游业的发展态势及水平，通过结构评价、功能评价对森林旅游生态经济系统的状态和效率进行计量与分析，最终体现生态功能、社会功能和经济功能以及三者所共同形成的综合功能。

（二）高度重视生态环境意识教育

（1）让旅游者学习一定的生态知识，了解旅游地的相关背景知识和注意事项，禁止其伤害和破坏野生动植物；教育其不购买各类被保护生物及其相关产品，保护当地生态环境不受污染，尊重当地文化和风俗习惯，不破坏当地环境氛围。

（2）为了促进旅游业的可持续发展，经营管理者不要一味地追求经济利益，要树立生态、经济和社会效益并重的全新经营理念。对旅游组织者进行旅游规划、开发建设和经营管理等方面的生态教育。旅游产品策划时，将保护放在首位，进行严格的生态环境评价和环境容量测算，以保护当地的生态环境，推出符合生态保护要求的旅游产品。

（3）改变当地居民"靠山吃山，靠水吃水"的传统观念，鼓励其参与旅游开发和经营，依靠旅游提高当地居民的经济收入，以此激发其维护生态环境的热情，从而主动承担起"守护者"的义务。鼓励当地居民多用电和天然气、沼气，尽量少用或不用木柴、木炭、煤。

（三）强化政府主导功能

为了解决森林旅游经济发展与生态环境保护之间的矛盾，必须依靠政府强有力的主导功能，从而有效克服市场的负面影响。强化生态环境管理，建立有效的森林生态环境保护体系，为森林旅游业健康、有序和快速发展创造良好的外部环境。

（四）建立森林旅游业生态环境保护责任制和考核制度

要建立完善的考核制度，加强监督，并及时对森林旅游业发展过程中出现的生态环境

问题进行及时的反馈、调节和控制，以确保生态环境责任目标执行的严肃性和有效性。同时，从根本上改变传统单一的经济责任目标体系，把森林旅游业生态环境责任目标和经济责任目标有机结合起来，建立两者相统一的责任目标体系，以保证森林旅游经济的不断发展，有效保护和改善生态环境。

第六章　旅游经济管理体制与制度

本章从分析旅游经济管理的现代化入手，阐述了建立旅游经济管理体制的重要性，以及宏观旅游经济管理体制、微观旅游经济管理体制和旅游市场体系的建设。并通过对旅行社、旅游饭店、旅游交通、旅游目的地行业管理的介绍，进一步分析了旅游经济行业管理的内容，以及旅游经济管理制度和法规建设等内容。

第一节　旅游经济管理体制

一、旅游经济管理的任务

（一）旅游经济管理的概念

任何经济活动的顺利运行，都离不开科学的管理，旅游经济活动的进行也不例外。旅游经济是整个国民经济的有机组成部分，经济管理中的基本原理和方法对旅游经济管理也具有普遍的指导作用，只不过旅游经济管理是针对旅游行为中的经济活动所进行的管理。具体来说，旅游经济管理是指旅游行业的管理者，为保证旅游经济活动的高效运行，运用科学的方法对旅游经济活动及其有关的各要素所进行的计划、指挥、组织、协调、监督等一系列活动的总称。

根据现代经济管理的规律性，旅游经济管理可分为宏观管理和微观管理两部分。宏观旅游经济管理一般是将国家或地区旅游活动全局作为其管理的内容，如旅游业方面的价格、税收、信贷等政策、法规的制定，以及旅游经济发展战略与规划的制定等。微观旅游经济管理是指对旅游企业经营活动进行的管理，如旅行社管理、旅游饭店管理、旅游度假区管理等。

（二）旅游经济管理的任务

旅游经济管理的根本任务是遵循客观经济规律的要求，解决旅游经济活动中出现的与旅游业发展不相适应的各种矛盾和问题，保证旅游经济健康持续地发展。它涉及生产力、生产关系和上层建筑等方面，具体任务有以下几方面。

（1）制定旅游业发展战略，确定旅游业发展目标，提出实现目标应采取的具体决策，以及组织实施有关方针和政策。

（2）在加强宏观调控、发挥市场机制的基础上，正确处理好旅游业内部人与人之间、部门与部门之间，以及国家、企业与个人之间的关系。

（3）不断改革旅游经济体制，以适应不同阶段旅游业发展的需求。

（4）加强旅游行业管理和旅游企业现代化管理，不断提高旅游经济效益。

旅游经济管理不仅是旅游经济活动顺利进行的根本保障，而且对旅游经济活动的有效进行具有十分重要的作用。因为旅游经济管理任务的完成，必须通过对旅游经济活动进行科学的决策和计划、严密的组织和及时的协调与监督，才能保障旅游经济活动高效有序地运转，促进旅游经济效益的不断提高。

二、旅游经济管理的现代化

随着现代旅游业的发展，对旅游经济管理的要求越来越高，从而要求建立与旅游业发展相适应的、高效的旅游经济现代化管理体系。旅游经济管理的现代化，不仅指管理手段的现代化，还应包括管理体制、管理机构、管理人员等方面的现代化。因此，旅游经济管理现代化是根据现代管理学的理论和方法，运用先进的管理手段和工具，对旅游经济活动诸要素及整个过程进行全方位的科学管理。其具体内容有以下几方面。

（一）旅游经济管理体制合理化

旅游经济管理体制是对旅游经济运行和发展进行科学管理的组织系统与管理制度。为了加快旅游业的发展，实现旅游经济管理的现代化，必须建立一套符合社会主义市场经济体制、适应现代旅游经济活动要求的旅游经济管理体制，保证旅游经济活动有序地进行。

（二）旅游经济管理机构的高效化

管理机构是旅游经济有效运行的组织保障。因此，必须建立有利于符合现代化旅游经济管理体制要求、有利于不断提高工作效率的宏观管理机构和微观企业组织，以及适应社会主义市场经济要求的运行机制。

（三）旅游经济管理人员专业化

管理人员是管理现代化的核心，没有高素质、高水平的管理人才，就没有旅游经济管理的现代化。因此，必须建立一支具有较高文化水平、通晓现代管理科学和旅游经济知识、掌握娴熟的现代管理方法和技能的专业化高素质的管理人员队伍，促进旅游经济管理的现代化。

（四）旅游经济管理方法科学化

管理方法科学化就是运用现代管理科学以及相关科学的技术和方法，如系统论、信息论、控制论、决策方法、各种数学方法等，对现代旅游经济活动进行科学管理，以提高旅游经济的运行效率，提高旅游经济管理的水平。

（五）旅游经济管理手段的现代化

旅游经济管理手段既包括经济、行政、法律等传统的手段，又包括计算机、现代通信等各种现代管理技术的运用，特别是计算机和国际互联网的应用，可以大大提高旅游经济管理的效率和水平。因此，加强旅游经济管理手段的现代化，也是旅游经济管理现代化必不可少的内容。

为了加强旅游经济管理的现代化，要做到以下几点。一要加强旅游经济管理系统中的"软件"建设，做到思想上高度重视，从旅游经济可持续发展的角度出发，重视旅游经济管理的现代化。二要善于汲取经济发达国家先进的管理技术和方法，结合本国或本地区的特点，建立高效的管理系统，并根据旅游业的发展需要，不断提高旅游经济管理人员的思想素质和业务水平。三要加强旅游经济管理系统中的"硬件"建设，因为旅游经济现代化管理手段的运用是实现旅游经济管理现代化的物质保证。在旅游投资计划中，要根据需要加强对旅游经济管理现代化"硬件"系统的建设和发展。四要重视旅游经济管理体制的发展，建立适应社会主义市场经济发展的经济管理体制。

三、旅游经济管理体制的建立

旅游经济管理体制是指旅游经济管理的组织系统和管理制度。旅游经济管理体制是旅游经济活动有序运行的基础，但旅游经济管理制度与方法并不是在任何情况下都能使旅游经济活动高效有序地运行。在不同的条件下，必须采用不同的管理制度与方法，才能有效实现既定的目标。因此，旅游业要想取得较高的经济效益，必须建立一套适应旅游业发展需求的旅游经济管理体制。

（一）建立旅游经济管理体制应遵循的原则

建立旅游经济管理体制必须依据一定的条件。这些条件包括社会制度、国情、宏观经济体制、旅游业本身的性质等。改革开放以来，随着我国旅游业的迅速发展，旅游经济管理体制的建立与改革也得到了充分的重视，适应旅游业发展要求的组织系统及管理制度也在逐步建立与完善。根据目前我国旅游经济管理体制的现状及社会主义市场经济的要求，为了进一步健全和完善我国旅游经济管理体制，必须坚持如下基本原则。

（1）要坚持社会主义方向，以经济建设为中心，这是由中国的社会性质所决定的。只有坚持社会主义方向，坚持以经济建设为中心，加快经济发展，才能使建立的旅游经济管理体制更有利于发挥社会主义制度的优越性，才能更充分地利用优越的外部环境，加快我国旅游经济的发展。

（2）要充分认识与分析中国的国情和旅游业发展的水平及特点，从实际出发，加大对外开放的广度和深度，建立既符合中国国情又与国际接轨的旅游经济管理体制。

（3）要适应国家宏观经济管理的要求，加大改革力度，坚持宏观调控与完善市场机制相结合，进一步调动各方面的积极性，形成具有生命力的、能促进旅游业快速发展的旅游经济管理体制。

（二）建立具有中国特色的旅游经济管理体制

为了促进中国旅游业的持续稳定发展，要从中国旅游业发展的特点及实际出发，通过综合分析中国旅游经济活动运行的规律及各种制约因素，遵循上述基本原则，建立适应中国特色的旅游经济管理体制，主要包括以下三方面的内容。

（1）宏观旅游经济管理体制的建立。宏观旅游经济管理体制的建立，就是要从国家或地区的角度，对整个旅游业发展进行统一的管理。首先，要根据旅游经济发展的实际情况，建立健全相应的旅游行政管理机构，这是进行宏观旅游经济管理的前提。旅游行政管理部门要在政企分离的基础上，运用行政手段在建立市场规则、维护市场秩序中发挥应有的职能，为企业的微观经营管理创造良好的外部环境。其次，要结合旅游产业的特点和旅游经济发展的实际，进行行政管理职能的转变。要变部门管理为全行业管理，变直接管理为间接管理，这也是宏观旅游经济管理体制改革和完善的核心内容。行业管理是客观性的管理，它不直接干预企业的正常经营管理活动，但为了使旅游企业的经营活动符合旅游业发展的总体要求，要通过行政的、法律的手段对旅游企业进行必要的管理、监督，在市场机制的共同作用下规范企业行为，引导企业决策。最后，由于旅游业具有很强的综合性，旅游行业管理具有很大的复杂性和难度，因此，有必要建立多层次的行业管理系统。这一系统不仅包括从上到下的各级旅游行政管理机构及旅游行业协调机构，而且包括从上至下的纵向关系和同一行政层次的横向关系的协调机制。旅游行政管理机构负责旅游行业的宏观经济管理工作，旅游行业协调机构负责协调旅游系统内部各部门之间以及旅游系统与相关部门之间的横向关系。通过纵向和横向关系的协调，促进旅游部门之间以及旅游部门与相关部门之间在相互尊重、相互支持基础上，建立互助互利的关系，为旅游经济的发展创造良好的宏观经济环境。

（2）微观旅游经济管理体制的建立。微观旅游经济管理体制主要是旅游经营者为实现旅游企业经营目标，而采取符合旅游企业经营活动需求的组织形式和经营方式。在社会主义制度下，以国有资产占主要地位的旅游业，不仅是目前我国旅游业发展和国家创汇的主体，也是我国社会经济的重要支柱。特别是国有大中型旅游企业，其发展与建设具有很多优势，突出表现在其经济实力强，规模经济优势容易发挥且有利于优势互补。因此，增加国有旅游企业（特别是国有大中型企业）的活力、提高其国际竞争力，是我国微观旅游经济管理体制改革和完善的主要目标。为了促进微观旅游经济管理体制的建立，首先，要创造企业平等竞争的外部环境，包括统一的政策制度、税赋条件等。其次，要做到政企分开，切实转换政府职能，完善企业经营机制，使企业自主经营、自负盈亏；积极推进旅游企业体制改革及现代企业制度的建立，推进和规范股份制公司的运作。再次，要积极推进旅游企业组织结构的调整，发展旅游企业集团，增强旅游企业的市场竞争能力，完善市场主体行为。同时也要重视中小旅游企业的联合、租赁、兼并、拍卖等改组和改进。最后，要建立并发挥行业协会的作用，建立横向合作互助机制，包括适合于国际旅游发展需要的合作体制，促进旅游企业之间的公平竞争和优胜劣汰。

（3）建立完善的旅游市场体系。任何经济管理体制都要落实到具体的市场行为当中，而统一、开放、竞争、有序的旅游市场体系的建立，既是宏观旅游经济管理的要求，也是微观旅游经济管理的需要。从旅游经济活动的运行来看，旅游者的旅游行为带有很大的自发性和随意性，很难由政府或组织制订且下达统一的计划。因此，在旅游业的供求关系中，需求起着直接的导向作用。而这种需求又基本上属于一种市场行为，它在旅游经济运行过程中起了决定性作用。因此，市场体系的建设在旅游业发展中处于一种至关重要的地位。当然市场作用不是万能的，它也存在许多弊端与制约因素。为了使市场的运行符合旅游业发展的要求，必须对市场运行进行宏观上的引导调节，形成一个有序的市场体系。要形成既有一定规模，又层次分明、功能齐全、专业分工明确的市场体系网络，使各类旅游企业的数量、规模、功能等方面形成合理的市场结构。首先，要按照市场经济规律，允许符合条件的多种经济形式和经营方式的企业自由进出市场，并自主地根据市场需求加强旅游产品的开发和销售。其次，在进一步完善旅游产品市场体系的同时，要重视旅游经济活动中的资金、劳动力、信息、原材料等生产要素市场的建设与完善，保证要素资源的合理配置。再次，要建立和完善旅游市场宏观调控体系，加强计划管理，建立总量平衡制度，建立宏观指导下的投资管理体制。国家主要负责非营利性的基础设施的配套建设和投资，而营利性的经营项目则按照"谁投资，谁受益"投资原则，动员社会各方面多渠道投入。最后，旅游业要在国家政策的指导下逐渐形成市场价格体系，建立完备的市场法律法规体系以及有效的执法和监督体系，使市场具有高度的统一性、竞争性和开放性。

第二节　旅游经济的行业管理

一、旅游经济行业管理的概念

行业管理一般是指国家对经营同类商品的企业所进行的分行业的统一组织与管理。因为企业经济行为构成市场的主体，所以行业管理实际上是对市场的管理。旅游经济行业管理，是通过政策法规引导市场行为，建立统一的旅游市场规则，维护市场秩序，统一规范所有旅游企业的行为，为各旅游企业经营活动的正常进行创造统一良好的运营环境。由于旅游业内部经营活动的差异，可进一步划分为不同的行业，如旅行社行业、旅游饭店行业、旅游交通行业等。

二、旅行社管理

（一）旅行社的性质和任务

旅行社是依法设立并具有法人资格，从事招徕、接待旅游者，组织旅游活动，实行独立核算的企业。从旅行社的存在形式来看，它是一个从事旅游经营活动的企业。因此，它的设立和行为活动必须遵照相应的法规要求，并按照企业的运行规则从事相应的旅游经营活动。从企业的行为活动来看，旅行社主要从事招徕、接待旅游者，并推销旅游产品、组织旅游活动，具有连接旅游产品和旅游者的作用，是联系旅游活动供需双方的桥梁。

旅行社的任务主要是通过计划、组织、协调旅游者的旅游活动来为旅游者提供相应的服务，为企业创造一定的效益，其具体任务主要包括以下几方面。

（1）设计与组织旅游产品。各个旅游企业或部门所提供的通常只是一些单项旅游产品，只有经过旅行社的设计与合理组合（包括线路的设计、交通工具、食宿、游览项目的确定），才能形成一个完整的满足旅游者需求的旅游产品。因此旅行社的首要任务就是根据旅游者需求，设计与组合旅游产品。

（2）协调、安排与有关部门的合作业务。旅游业是一个综合性行业，其业务要涉及众多相关行业和部门，因此旅行社通过与相关部门的经济合作关系，安排旅游活动中发生的与相关部门有关的业务内容，以保证旅游活动的顺利进行。

（3）接待旅游者。这是旅行社的基本任务和主要经营目标，为了接待好旅游者，必须配置专职接待人员，安排好旅游者交通、食宿和参观游览等业务，并妥善处理旅游活动中遇到的其他事项，使旅游者的旅游需求得到最好的满足。

（4）承办同旅游有关的各种委托代办业务，包括替社会团体和散客代订机票、车船票、安排饭店、行李托运、接送及其他有关的委托业务等。

（二）加强旅行社管理的意义

旅行社是旅游经济中各行业的"龙头"，对旅游业的发展具有重要的作用。因此，必须加强旅行社的管理，加强旅行社管理的重要作用表现在以下几方面。

（1）加强旅行社管理有利于旅行社行业的健康发展。对旅行社行业的宏观调控与正确引导，可以使旅行社在公平竞争中更好地为旅游者服务，避免市场的无序竞争，以及损害旅游者或旅行社利益等不良现象的发生，为旅行社行业的健康发展奠定良好的基础。

（2）加强旅行社管理有利于合理引导旅游者的消费行为，调剂旅游产品的时空余缺，提高旅游资源的利用率，保护好生态环境。旅行社的线路设计、产品组合开发，对旅游者具有一定程度的引导作用。根据旅游资源、交通、食宿条件、价格、淡旺季等各种因素，组织价格合理、内容丰富多样的旅游（产品）线路，既可满足旅游者的不同需求，又能使各种旅游产品要素得到合理的配置，缩小旺季与淡季、热点与冷点之间的差距，以充分有效地利用各种旅游资源，避免旅游者过于集中对环境带来的不良影响。

（3）加强旅行社管理有利于旅行社自身的发展。旅行社要生存、要发展，就必须在市场竞争中立于不败之地。这就要求在公平的市场环境下，旅行社必须在企业内部实行严格的、高水平的管理，包括合理组织内部的人、财、物，降低内部消耗，合理安排旅游线路和旅游时间，不断提高服务质量，扬长避短、发挥优势，才能使旅行社在市场竞争中稳步地发展，不断取得较好的经济效益。

（三）旅行社的行业管理内容

旅行社的行业管理是指国家在整体上对旅行社行业的宏观管理，它是旅行社搞好经营管理的前提，具体包括以下几方面的内容。

（1）健全有关旅行社管理的法律、法规与政策，这是对旅行社宏观管理的出发点和依据。旅行社的法律、法规及政策，既有国家的，也有地方性的，可根据全国和各地旅游业发展的实际需要而制定。

（2）建立合理的旅行社等级结构，明确各类旅行社的职能和任务。旅行社的等级类型的划分应尽可能与旅游市场接轨，以便顺利地在旅游市场中与其他旅行社开展业务交往。旅行社的等级主要根据经营业务和主要经济指标来划分。目前我国明确将旅行社划分为两大类，即国际旅行社和国内旅行社，并明确规定各级旅行社的职能和经营范围。这样有利于对旅游市场进行统一的管理，保证旅游市场规范、有序地运行。

（3）营造有利于旅行社健康发展的外部环境。要求实行统一的服务标准、价格、政策、税率等市场规则，做好市场管理和监督工作，正确协调旅行社与相关行业的关系，为旅行社的发展创造统一的外部环境。统一的市场规则是旅行社公平竞争的基础，也是旅行社健康发展的宏观保障，应在此基础上，合理引导、组织旅行社企业的经营活动。同时也要做好对旅行社经营业务的监督检查工作，既要运用法律手段，也要运用年检、统计、质量监督、财务抽查、合同管理、履约保证保险等经济手段，强化旅行社的法律观念和质量意识，切实维护旅游者的合法权益和旅行社行业的长远利益。

（4）旅行社行业的政企分开除了保证企业自主经营外，旅行社外联权和签证权的分离也是重要内容之一。外联权属具有一定级别的旅行社所有，而签证权则是行政管理部门的职能，不能随意下放，以避免造成旅游市场的混乱。

（5）做好为旅行社服务的工作。如建立完善的信息咨询系统，包括业务信息、政策法规信息、旅行社行业发展状况信息的咨询，开展统一的宣传促销，合理引导旅游者的消费行为，做好人员培训及对旅行社企业的业务指导工作。

三、旅游饭店管理

（一）旅游饭店的特点

旅游饭店就是能够以夜为时间单位向旅游者提供配有餐饮及相关服务的住宿设施，按不同习惯它也被称为宾馆、饭店、旅馆、旅社、宾舍、度假村、俱乐部、大厦、中心等。

旅游饭店是旅游者在旅游目的地一切活动的基地，是旅游业赖以生存的重要支柱之一。它对创造就业机会、增加旅游创汇额、提高旅游业发展水平具有重要的作用。它有以下几个特点。

（1）旅游饭店是一个服务性企业。旅游饭店提供的产品包括劳务服务和实物产品，但其中以劳务服务为主，实物产品为辅，实物产品销售只起到促进服务销售的作用。

（2）旅游饭店提供的服务以满足旅游者住宿和饮食为主，这是旅游饭店的基本功能。此外，为了满足旅游者的多种需求，旅游饭店还尽量提供全面的辅助服务，如代办票务、邮电服务、银行服务、医疗服务、娱乐服务、商业服务、美容健身服务等。

（3）旅游饭店提供的劳务服务具有明显的不可贮存性，客房一天没有出租出去，就永远失去了这一天的销售机会，而不可能像其他商品一样可以暂时贮存起来。

（4）旅游饭店服务产品还具有无形性和差异性，即饭店提供的服务产品看不见、摸不到，非物质性非常明显，而且在不同时期生产的产品不可能完全一样，即使在同一时期生产的产品，由于客人要求不同，也可能有一定的差异。

（二）加强旅游饭店管理的意义

旅游饭店的管理包括旅游饭店的宏观管理和旅游饭店的微观经营管理，两者的途径、方式不同，但目标都是一致的，即促进旅游饭店业的健康发展。旅游饭店管理的水平直接关系着旅游饭店的运行状态及经济效益，具体表现在以下几方面。

（1）旅游饭店管理是规范旅游饭店市场、创造良好的旅游饭店运营环境的重要保证，它是旅游饭店存在与发展的基础。

（2）旅游饭店管理能使饭店企业增强市场竞争力。竞争是市场经济的要求，随着旅游饭店业的发展，国际的竞争愈演愈烈，增强对客源市场的竞争力是提高饭店经济效益的根本保证。这就要求饭店企业必须更加注意管理水平的提高，提供高质量的服务，以保持其市场竞争的优势。

（3）旅游饭店管理是提高旅游饭店经济效益的途径。通过旅游饭店管理，可以合理配置饭店的各种资源，充分发挥各种资源的作用，以较少的投入获得尽可能高的收益。

（三）旅游饭店的行业管理内容

旅游饭店的行业管理，是国家通过一系列政策、计划与投资，对旅游饭店规模、数量及布局进行宏观管理，具体内容包括如下几个方面。

（1）合理规划旅游饭店的布局、规模和风格。旅游饭店的建设计划一般由市场需求来决定，但在我国旅游饭店建设计划要由旅游行政部门根据市场要求统一部署、合理安排，以杜绝无计划盲目建设，做到旅游饭店的布局、规模符合旅游经济活动的客观要求。合理的旅游饭店布局、适宜的规模和独特的风格，一方面与游客流量、流向相协调，能够满足旅游者的需求；另一方面又可避免布局及规模不当所造成的资金浪费。

（2）建立统一的旅游饭店管理方针、政策及法规，创造统一的市场环境。旅游饭店的经营活动要接受旅游行政部门的统一监督、检查。如通过对旅游饭店的星级评定和复核，促进饭店管理水平和服务水平的提高，从而有利于旅游饭店行业的健康发展。

（3）为旅游饭店集团的建立与运行提供有利条件，创造有利环境。旅游饭店的横向联合是提高旅游饭店竞争力和运行效率、增加饭店经济效益的重要途径。因此，旅游行政管理部门或旅游饭店行业组织要为旅游饭店集团化的发展进行正确的引导，并提供必要的服务，创造良好的发展条件。

四、旅游交通管理

（一）旅游交通的概念

旅游交通是为满足旅游者的旅游需求而提供的交通运输服务。除了专门为旅游者提供的旅游交通，如旅游包机、游船等形式以外，旅游者使用最广泛的还是各种公共交通运输工具。所以，旅游交通是与整个交通运输体系联系在一起的，它与一般交通运输很难完全区分开来，这也是旅游交通管理的难点所在。旅游交通的主要功能是满足旅游者空间位移的要求。除此之外，某些旅游交通工具与形式还可满足旅游者游览、娱乐等特殊需求，如观光列车、游览马车等。

通常，旅游交通主要包括铁路、公路、水路、航空及其他特殊旅游交通方式。不同的交通方式各具特色，可满足不同的需求。其中，航空、铁路主要适用于中长途旅程；而公路主要适用于中短途旅程；水运则多用于具有游览功能的旅程；此外，还有一些特殊交通方式，如缆车、马车、轿子等则主要用于游览、娱乐。因此，旅游交通的构成主要包括旅游交通运载工具、旅游交通线路、旅游交通站点及设施、旅游交通服务等。

（二）加强旅游交通管理的意义

旅游交通是为旅游者提供优质的服务、满足旅游者的需求而存在的，为了达到这一目的，严格、完善的管理是必不可少的。旅游交通管理是指旅游交通管理部门和经营者对旅游交通运输与经营活动所进行的计划、指挥、组织、协调、监督等行为的总称。它对旅游业的发展具有重要的意义，主要表现在以下几方面。

（1）旅游交通管理通过计划、指挥、组织、协调、监督等手段为旅游交通的顺利运行提供保障。旅游交通行业的运行需要统一的行业规则。经营者的经营活动需要有良好的外部环境和正确的管理措施。只有在旅游交通管理部门的统一指挥、协调下，并创造一个统一的运行环境和管理体系，才能保证旅游交通业的高效运转和正常发展。

（2）旅游交通管理是实现旅游供需双方利益的首要条件。一般来说，旅游者居住地与旅游目的地总是有一定的空间距离。为了到达旅游目的地，旅游者必须凭借各种交通方式来实现。于是，旅游交通状况直接影响着旅游者的旅游需求，而旅游目的地的旅游产品也必须依靠旅游者的到达才能得以销售。因此，合理地安排旅游交通可同时满足旅游供需双方的要求，是顺利实现双方联系的保障。

（3）加强旅游交通管理可以提高经济效益，丰富旅游内容。通过有效地管理和合理地组织各种交通方式，以尽可能少的投入去满足旅游者的需求，能够使旅游交通运营保持较高的经济效益。根据市场需求，合理规划、科学安排各种特殊旅游交通方式，不仅能够丰富旅游内容，同时也是增加旅游收入的必要措施。

（三）旅游交通的行业管理内容

旅游交通管理的主要目标是必须使旅游交通达到安全、舒适、快捷、完善和高效。安全在旅游交通中处于重要地位，它是开展旅游活动的出发点。旅游交通要首先保证游客的安全，它是旅游交通管理中的重要任务之一。舒适与快捷，既是旅游者的愿望，也是经营者的需求，旅游者可以从中得到满意的服务，经营者可以得到更高的效益。完善的旅游交通"硬件"设施和"软件"服务则是满足旅游者需求的根本保障。高效既包括对旅游者提供的服务要做到方便、快速，也包括旅游交通经营活动的高效益。为实现上述目标，旅游交通管理，既要重视宏观计划的调控，又要重视市场的完善，并根据市场的要求，搞好旅游交通运营的管理。

旅游交通的行业管理内容有以下几点。

（1）设置合理高效的旅游交通管理机构体系，这是加强旅游交通行业管理的前提条件。机构要根据不同级别和不同区域的特点及需要，以有利于对相应级别的旅游交通管理为原则，以能加强相应的宏观调控为主来设置。

（2）建立完整的政策法规体系，规范旅游交通的行业管理。主要研究、制定旅游交通全行业以及各分支行业的发展方针、政策，研究和制定旅游交通各行业发展的总体规划及分阶段实施计划，协调各旅游交通行业、地区、企业之间的经济关系，并根据需要制定切实可行的价格政策及收费标准，建立完整的法规体系，依法培育和监管旅游交通行业的市场行为。

（3）加强旅游交通企业的内部管理。旅游交通运营管理是针对整个运营过程的经营人员、交通工具及设施而言。通过计划、组织、指挥、协调、控制等手段实施管理，是旅游交通运营活动正常进行、实现旅游交通企业的经营目标与计划、增强企业在旅游交通市场的竞争能力、取得较高的经济和社会效益、确保旅游交通行业健康发展的根本保证。

五、旅游目的地管理

（一）旅游目的地管理的内容

旅游资源是旅游者进行旅游活动的根本指向。由于各地自然、人文条件、区域范围大小各不相同，旅游目的地旅游资源的规模、类型也就千差万别，因而旅游目的地可以是一个旅游点、风景区，也可以是一个旅游区或旅游城市。但不论旅游目的地规模如何，吸引旅游者的主要方面还在于旅游资源的特征及可进入性。而潜在的特征变为现实的、为旅游者所利用的资源，还有赖于对这些资源的合理开发与管理。因此，加强旅游目的地管理是旅游经济活动顺利开展必不可少的条件。

旅游目的地管理是针对旅游目的地的旅游资源、旅游设施、旅游经营服务，为发挥旅游资源的优势，为旅游者提供优质服务，提高社会、经济、环境效益所进行的综合管理。它的主要内容包括合理布局旅游区、点，建立旅游区网络，以及旅游目的地旅游区域规划的制定等。旅游目的地管理对旅游目的地获得较高的综合效益（社会、经济、环境）具有十分重要的作用。

（二）旅游目的地规划管理

旅游目的地规划管理，包括旅游区的布局管理和旅游区的发展规划管理，是旅游目的地管理的重要内容之一，具体包括以下两方面内容。

（1）旅游区布局。合理布局旅游区是发展旅游业的重大战略措施，是一个全局性和宏观性的问题。它是指从宏观管理的角度，根据各地旅游资源的位置、特点、规模、环境等，通过规划、开发、组织，形成一个结构合理的旅游资源空间配置体系。通过旅游区在空间的合理配置，有利于充分利用各地的旅游资源，有利于合理地引导旅游客流，有利于促进不发达地区的经济发展，有利于保护生态环境的平衡。

为了合理布局旅游区，首先，要注意加强吸引力较大的重点旅游区的建设，充分利用这些地区的旅游资源和旅游设施优势，形成旅游经济的"增长点"，并以此为中心和枢纽逐渐向周围辐射，带动其周围或其间的旅游资源的开发，最终形成合理的旅游区域网络；其次，旅游区的建设要注意发挥优势、避免雷同，形成各具特色的旅游区网点，在以特色为主的前提下，为满足不同层次旅游者的要求，也要注意综合发展。

（2）制定并执行旅游区发展规划。旅游区域发展规划是充分发挥区域旅游资源优势，提高旅游经济效益，保护环境，促进地区旅游业健康稳步发展的基础。因此，制定并有效监管执行这一规划也是旅游目的地规划管理的重要内容之一。

旅游区发展规划包括总体规划和分期实施计划。总体规划的制定，首先对旅游区的旅游资源、自然条件、社会经济条件、历史沿革、现有基础设施、旅游设施、服务水平（质量）、客源市场、资金来源、技术要求、经济效益、社会效益和环境效益等因素进行全面的调查、分析、评价，并根据区域旅游发展优势和制约因素，确定旅游区域发展方向、性质和规模。旅游区总体规划是一个综合性规划，它包括对影响区域旅游发展的各因素的分析规划，如旅游资源的开发与保护规划、基础设施和旅游设施规划、景观布局与游览线路规划、环境质量保护规划、旅游市场开发规划、旅游从业队伍的建设规划等。总体规划是一个长期规划。为保证旅游区建设的具体实施，还需要制订分期实施计划，以使总体规划逐步得到落实。不同时期的分期实施计划，可根据实际需要对总体规划做出必要的修订，以取得较高的综合效益，促使旅游区的可持续发展。

（三）旅游资源的开发与管理

旅游资源是指对旅游者具有吸引力的一切因素的总和，一般可分为自然旅游资源和人文旅游资源。它是旅游者进行旅游活动的目的物,在旅游目的地的诸因素中处于核心地位。要使旅游资源具有使用价值,并发挥其最大的效用,必须对其进行合理的开发和利用,以及对旅游资源合理开发利用进行管理。旅游资源开发和利用的管理是指对旅游资源在开发、利用、保护等整个运行过程中的全面综合的管理。通过对旅游资源开发和利用的管理,要做到在开发、保护的基础上,使旅游资源的利用具有持续性,并取得较高的综合效益。在旅游资源开发和利用的管理中,要坚持以下主要原则。

(1)特色原则。在旅游资源的开发中要注意形成鲜明的地区特色,在保护特色的基础上,做到综合开发、内容丰富多样。

(2)效益原则。在旅游资源开发利用中还要遵循经济效益原则,做好投资效益分析,旅游资源类型、数量和市场需求分析等。

(3)科学原则。在旅游资源的开发利用中,要注意景区内旅游景观景点空间结构的合理组织,做到配置合理,既充分满足游客的需求,又保持合理的环境容量,并使各景区、景点流量达到合理的分配。

(4)可持续原则。在旅游资源开发和利用的整个过程中,要注意保护资源和生态环境,坚持可持续利用原则。

(四)旅游区的经营管理

旅游区的经营管理要以提高经济效益为中心,合理组织安排好经营活动的各个方面。包括对外宣传、销售、线路设计、服务质量、财务、资源及设施的维护以及对旅游区内各部门的协调管理,具体有以下几方面。

(1)发挥旅游资源的区域特色优势,积极开展系列特色旅游。具有地区特色的旅游资源可形成地区对外经营的拳头产品。要重视对外宣传,树立品牌形象,并以此为"龙头",不断开拓新的旅游产品,进一步带动相关旅游项目的开展。

(2)开展区域联合,发挥整体优势。区域联合是指区域内的各行业既要发挥本行业的优势,更要注意相互之间的协作。协作默契,才能充分发挥各方面的作用,突出整体优势,提高总体经济效益。它的主要内容包括实行统一的经济政策,建立公平的市场竞争体系;根据旅游市场需要,联合推出结构合理的旅游产品系列;联合宣传促销,扩大对外影响;各行业的服务要做到相互配合、衔接有序。

(3)开展区际协作,建立旅游经营网络,充分合理地利用旅游资源。只有将本地区与其他旅游目的地的经营通过横向联合,开发合理多样的旅游线路,建立旅游网络,才能使本地旅游资源的价值得到充分的体现,最大限度地提高利用率,取得较好的经济效益。

(4)建立高效的旅游区服务体系。旅游区的服务具有综合性的特点,包括区内为游客服务的各个行业。因此,规范区内各行业的服务,提高服务质量,形成高效的服务体系,才能保证旅游活动的顺利开展,吸引更多的旅游者。这就要求,一方面,各行业要建立统一的服务标准,并落实到具体服务过程中;另一方面,要注意各行业服务的衔接和联合,形成"一条龙"式的高效的综合服务体系。

第三节　旅游经济管理制度与法规

一、旅游经济管理制度与法规建设的重要性

旅游经济管理制度与法规是为保证旅游经济活动顺利进行而制定的一系列的具有法律效用的行为规范，是旅游经济管理体制的重要内容。由于旅游业的经济性质，与旅游业有关的一切法规制度都直接或间接地与旅游经济活动有关，都可作为旅游经济管理的法律依据。其中直接针对旅游经济活动的顺利开展而制定的旅游经济法律制度更是旅游经济管理的重要依据。旅游经济法规、制度的重要性具体表现在以下几个方面。

（一）加强旅游经济法制建设是社会主义市场经济的要求

市场经济的正常运行必须有一个统一的市场规范来保证。作为市场经济领域的一个部门，旅游经济的健康发展也必须有完备的法制来规范和保障，这是完善作为法制经济的市场经济体制的客观要求，也是建立社会主义市场经济的重要内容。

（二）加强旅游法制建设是对旅游市场进行宏观调控的重要手段

为了使旅游经济的发展有一个良好的环境、保证各旅游企业进行公平竞争，国家必须采取经济的、法律的、行政的手段对旅游市场进行宏观调控。但是，由于旅游经济活动所跨部门多、涉及面广，与交通、邮电、商业、环保等众多行业交叉关联，并涉及有关地方行业部门的具体利益，因此完全依靠行政和经济手段是远远不够的，有时甚至是无能为力的。于是就需要通过法律手段和方法来加强对旅游市场的调整与管理。通过加强法制建设，既能保证旅游经济稳定有序地运行，又能充分发挥市场经济优势，促进旅游经济快速发展。

（三）为协调旅游经济活动中各方的关系和保证各方的权益提供法律依据

旅游经济活动涉及许多因素和部门，并与各相关部门发生各种关系，旅游经济活动的开展实际上就是如何处理这些关系的过程。这些关系包括旅游行政部门与旅游企业之间的关系、旅游企业相互之间的关系、旅游企业与旅游者之间的关系以及旅游行政部门与旅游者之间的关系等。其中，最经常发生的主要是旅游企业相互之间以及旅游企业与旅游者之间的经济关系，因为每项旅游经济活动的开展都离不开各类旅游企业和旅游者。旅游企业和旅游者在旅游经济活动中的各种行为都包含一定的法律意义，如旅游企业之间的业务往来都必须有一定的经济合同等法律约束来规范其行为，旅游者购买旅游产品也要通过各种合同、票据来规定各自的权利和义务。因此，为旅游经济活动制定的各种法规、制度对保证各旅游企业和旅游者的合法权益，协调旅游经济活动中各方的关系，保证旅游经济活动

顺利进行具有重要的意义。

（四）促进旅游企业改进服务质量和提高经济效益

在缺少法制的市场里，旅游企业为了经济利益可以不择手段，提供以次充好的旅游产品而不顾后果，旅游服务质量投诉问题也难以得到根本解决。因此，在社会主义市场经济体制下，必须有一套严格的法规制度。它不仅直接约束着旅游企业的行为，规范着旅游企业的服务质量；同时，在统一的市场规范下，企业自身也会不断通过改善服务质量来达到增强市场竞争力的目的。服务质量的提高、良好信誉的保证，也是其不断提高经济效益的根本措施。

二、建立健全旅游经济管理法制体系

建立健全旅游经济管理法制体系是一个系统工程，包括制定全面严密的旅游法规制度，以及为顺利贯彻实施各项法规而采取的监督检查措施和对违法违规行为采取的处罚措施等。它贯穿旅游经济活动的整个过程，为旅游经济活动的健康运行提供全过程、全方位的法制保障。

（一）建立全面的旅游法规体系

旅游法规是以各种旅游关系为调整对象的，而旅游关系涉及的面非常广泛，包括旅游行政管理机构、各旅游企业及旅游者等不同因素之间的各种关系。因此，必须建立针对不同因素及其相互关系的全面的法规制度，才能规范旅游经济活动中的各种市场行为。具体的旅游法规体系应包括以下几个层次。

（1）国际条约和国际协定。这是国际旅游活动交流应遵循的统一规范。如"关贸总协定"中的《服务贸易总协定》，对旅游经济活动向国际化方向发展、旅游业与国际市场接轨来说是一个基础性的法律规范，是加强国际旅游市场管理、规范国际旅游市场行为的重要法则。

（2）综合性的旅游法规。它是确定国家发展旅游业的方针、政策，以及旅游业在国民经济和社会发展中地位的基本法则，是进一步制定单项旅游法规、条例、制度以及各地方法规的依据。例如，我国在"九五"期间颁布的《旅游法》就是一部综合性的旅游法规。

（3）旅游行业单项法规。它涉及旅游业的各行业和各部门，主要包括旅游资源、旅游景区管理、文物保护、旅行社管理、旅游饭店管理、导游管理、旅游交通管理、旅游价格管理、旅游保险、旅游者入出境管理、旅游合同、旅游法律责任与诉讼、旅游购物品管理等方面的法规和条例。如我国"九五"期间颁布的《旅行社管理条例》《导游人员管理条例》《旅游投诉条例》《旅游住宿设施管理暂行条件》，以及早已颁布的《中华人民共和国文物保护法》《风景名胜区管理条例》《古建筑消防管理规则》《旅行社质量保证金暂行规定》《旅游外汇管理暂行办法》等。这些法规是针对旅游行业某一方面的行为规范而定，但对整个旅游经济活动的运行都有重要的影响。

（4）地方旅游法规。这是对国家相应旅游法规的补充。由于各地旅游资源、自然条件、经济环境的不同，各地方可以根据本地的实际情况制定一些对国家旅游法规的补充法规，但不得与国家旅游法规相冲突，以保证本地旅游业的健康发展。

（5）根据旅游业不同发展时期的具体需要，由国家或旅游行政管理部门随时发布的旅游方面的条例、规定和办法。这也是对国家正式法规的必要补充与调整。因为与旅游有关的各因素都是在不断变化的，旅游市场规则也要适应旅游市场的发展做出相应的调整与补充，以满足旅游业在不同发展阶段对旅游法规的新要求。

（6）适用于旅游经济活动的相关法规。这些法规虽然不是专门为旅游业发展而制定的，但对旅游经济活动也有一定程度的制约作用。旅游法规未涉及的内容可执行相关法规的有关规定。如我国已颁布的《中华人民共和国环境保护法》《中华人民共和国海关法》《中华人民共和国食品卫生法》《森林和野生动物类型自然保护区管理办法》《中华人民共和国公民出境入境管理法》《中华人民共和国外国人入境出境管理法》《中华人民共和国经济合同法》《中华人民共和国涉外经济合同法》《工商企业登记管理条例》《中华人民共和国会计法》《国务院关于审计工作的暂行规定》《物价管理条例》等，也分别适用于旅游经济活动的各有关方面。

（二）建立监督检查机制，切实保证旅游法规的贯彻执行

有了健全的法规体系并不等于有了规范有序的旅游市场。要发挥旅游法规的作用，还必须采取各种措施保证法规的顺利执行。其中，监督检查和处罚制度则是必不可少的。这就要求各级旅游行政部门必须设立专门的监督检查机构，制定严格的检查制度，设立举报中心，采取定期或不定期的年检、季检及日常检查来保证各项旅游法规的贯彻和实施。由于旅游业涉及的部门比较多，除了行业内的自查之外，还要配合各级工商、物价、司法、外事等部门的监督检查，使旅游市场的一切行为都能时刻受到监控，从而规范市场中各主体的行为。

对旅游市场中出现的违法违规行为要做出及时的处理。对负有不同法律责任的行为通过不同的途径来处理。对负有行政责任的，主要通过旅游行政管理部门、公安部门或其他有关部门的行政处罚来实施，包括警告、罚款、拘留、没收、停业整顿、吊销执照等方式。对负有民事责任的，可以通过自行协商和诉讼等途径来实施。对于负责刑事责任的，则主要通过刑罚的形式来实施。由于旅游经济活动中的违法违规行为大都是与各自的权益有关的，主要包括行政责任和民事责任。除行政处罚外，大量的由相互之间的权利和义务争议所造成的旅游纠纷主要通过自行协商、调解或仲裁的处理方式来解决。仲裁不能解决的，还可通过旅游诉讼得到最终的处理。

对旅游市场的监督检查和对违法违规行为的处罚是健全旅游法规体系不可缺少的组成部分。有法必依、执法必严及违法必究是旅游市场健康发展与旅游经济活动顺利运行的坚强后盾和保障。

第七章　区域旅游经济活动的组织与管理

第一节　旅游发展中的市场与政府

一、辩证地看待市场与政府在旅游发展中的作用

（一）市场与政府关系的传统认识

在主流（新古典）经济学中，市场和政府是资源配置的两种基本的、对立的制度安排。一般认为，竞争性均衡模型基本上准确地描述了市场经济的运行。在此基础上，微观经济干预的领域是所谓的市场失灵的领域，即现实市场与资源配置的帕累托最优之间的"落差地带"。这样，市场失灵论就成为微观经济干预的理论基础。在主流经济学家看来，因为存在对帕累托最优或完全竞争状态的某种偏离，如存在垄断、公共物品、外部性或信息不对称等，就需要通过政府干预来矫正经济的无效率。所谓"完全竞争"理论及其所确立的理想的效率状态，似乎给判断现实市场的有效性提供了恰当的标准。如果现实的市场竞争不同于那个理想模式的话，则应依其程度不同，实施不同的政府干预措施。

在主流经济学文献中，政府与市场两者的关系是一种完全平行、对立对等的、非此即彼的关系。也就是说，市场失灵可以且应该由政府来进行干预。在这里，政府与市场涵盖了社会经济资源配置活动的全部。由于纯粹市场配置方式存在种种不能达到帕累托效率的情况，这样就需要政府对市场机制进行相应的干预。于是，作为福利经济学核心的正统市场失灵论就为政府干预提供了依据和方向。后来发展起来的公共选择理论则指出政府也会出现失灵，于是又提出需要在政府部门中引入市场竞争的力量。

（二）旅游发展中的市场与政府

在旅游经济运行过程中，同时存在着政府行为和市场行为。因此，也必然形成市场与政府的关系。市场与政府之间的关系一直是学术界争论的焦点问题。赞成市场主导不需要政府对旅游经济活动施加任何干预的人认为，既然在市场经济条件下，旅游经济运行所需要的资源可以通过市场交易行为来实现，并且通过市场配置实现资源的最有效利用，那么，政府可以不对旅游经济活动进行干预，而完全通过市场机制的作用来实现资源的有效配置。

赞成政府可以对旅游经济活动干预的人认为，通过市场进行资源配置并不具有完全的效率性。因为在竞争不充分或者市场不完全的旅游经济活动中，市场会出现失灵的现象。这时，仅仅通过市场是很难实现资源的有效配置的，只有通过政府对旅游经济活动施加某种程度的干预，才能使旅游经济活动更有效率。旅游发展市场化是必然的趋势，因此需要政府改变"既是市场竞争的裁判员，又是市场竞争的运动员"的局面。在市场经济条件下，为了充分发挥市场的基础性资源配置作用，政府逐渐从旅游市场退出。但是，市场并不是万能的，实践证明，如果没有政府这只"看得见的手"的适度介入，旅游市场竞争同样无法实现高效率。

二、旅游市场失灵的表现形式

（一）旅游市场信息不对称

信息不对称的一般含义。信息不对称是指交易过程中，交易双方拥有的信息数量不等，一方拥有比另一方更多的信息。交易双方信息不对称的一个直接后果就是产生逆向选择和劣胜优汰现象。信息不对称现象的存在，违背了完全竞争条件下信息充分的假定，对信息掌握较多的一方可以利用对方的无知进行欺诈，从而导致效率损失。当市场上交易品的质量在很大程度上受控于拥有隐蔽信息一方时，就产生了经济学上所定义的逆向选择，交易中一方渴望得到优质品，而另一方却只乐于提供劣质品。

旅游市场信息不对称。在旅游经济活动中，依靠市场实现资源最佳配置的一个前提假设，是旅游经济活动的行为主体人都具有"经济人"特征。也就是说，旅游经济活动的当事人都具有全面的知识和无限的理性，可以在现在或者将来本着使自身效用最大化的原则做出理性的选择。然而，现实是，旅游经济活动的当事人是不可能具有全面知识和无限理性的，而只能具有部分知识和有限理性。也就是说，面对无边无际的信息，每个旅游经济活动的当事人不可能在信息收集、传递、处理和分析等方面做到面面俱全。

面对国际和国内旅游市场的变化，面对由不同旅游者需求个体所组成的旅游市场需求，旅游经营者不可能全面掌握对其经营活动或产品开发具有决定性意义的所有信息。当然，人们也无法获得他所需的足够信息以做出上述理性选择。更何况，旅游经济活动是在特定的社会和自然环境下进行的，与旅游市场相关的社会自然环境会随时发生变化，市场存在着相当的不确定性。即使旅游经营者原先具有较完全的知识水平，也无法完全掌握新的知识。

对于旅游者来说，要使旅游效用实现最大化，也必须具有完备的旅游服务知识。面对众多的旅游目的地和各种提供相同旅游服务的供应商与中间商，需要对所有提供相关服务的经营者的情况进行全面掌握和比较，才能从中选择出能实现自己旅游效用最大化的旅游服务和旅游服务供给者，显然这是不可能做到的。即使人们有能力全面掌握旅游经济相关信息，然而，在现实生活中也是难以做到的。因为，搜寻旅游经济信息是要耗费成本的，这种成本必须被视为"沉没成本"。在现实生活中，获取信息的搜寻成本如此之贵，以至于我们宁愿对信息保持一定限度的无知，即保持"理性的无知"。搜寻信息的成本不同造成个人所掌握的信息不同。市场固有的信息不对称使市场本身无法解决很多关乎这方面的问题。比如，按照市场机制的均衡价格理论，某条旅游线路的价格越低（其他条件不变）其需求量越大。但实际上，当这条线路的价格降到一个很低的水平之下后反而会无人问津。这是因为消费者掌握的对该线路的信息和推出该线路的旅行社掌握的对该线路的信息是不对称的，消费者才会处于信息弱势。当价格过低时，消费者往往会由于无法了解到所需的全部和确切的信息而怀疑该线路有问题（如是不是要额外购物？是不是住宿规格有"猫腻"？）而不选它了。这种旅游需求的"逆向选择"以及其他一些基于信息不对称的问题（如道德风险、文凭竞争等）是市场依靠其均衡价格体系等市场机制无法解决的。

（二）旅游经济中存在外部性

外部性的含义。所谓外部性是指"某个经济主体生产和消费物品及服务的行为不以市场为媒介面对其他的经济主体产生的附加效应的现象"。也就是说，外部性是市场价格没有完全反映交易的额外成本或收益。

旅游经济中的外部性。从全社会来分析，外部性可分为积极的和消极的两种。当某种经济的社会边际成本（经济中所有个人所承担的边际成本）小于私人边际成本（单个生产者所承担的边际成本）时，将产生积极的外部性；反之，就存在消极的外在性。在旅游经济活动中，外部性有三个内容：一是作为市场主体参与者，包括旅游者与旅游厂商的决策和行为直接影响他人旅游消费或其他企业的旅游经济活动；二是对他人或其他企业所形成的经济影响不通过市场交易活动来实现；三是会对他人或其他企业的成本和效用产生一定程度的影响。

由于外部性的存在，使个人或者企业的边际成本与社会边际成本形成一定的差额，同时，也会产生个人或者企业的边际效益与社会边际效益之间的差额，这两个差额便是外部成本和外部效益。在旅游经济活动中，无论是旅游者还是旅游经营企业，当受到外部影响产生了外部成本时，便是外部不经济；如果受到外部影响产生了外部效益时，便是外部经济。外部经济与外部不经济现象都存在于旅游经济活动之中，是旅游经济活动经常性的表现。

我们知道，旅游目的地企业的经营活动以及旅游者的旅游消费活动是与特定旅游资源相联系的，没有一定的旅游资源存在，旅游目的地的旅游企业便无法进行市场交易活动，旅游者也不可能实现自己的旅游消费活动。因此，以旅游环境为依附的旅游资源是旅游目的地进行旅游经营活动的主要生产要素，同时也是旅游者旅游消费的主要对象。如果我们将旅游环境作为社会成本和社会收益来对待，那么旅游目的地企业在其经营活动中以及旅游者在其旅游活动中的经营和消费的决策、行动都会对旅游环境产生影响，这种影响可以形成外部经济，也可以产生外部不经济。

从外部经济来看，通过旅游企业个体的投资和经营行为，提高了旅游目的地的市场知名度，改善了旅游目的地的旅游环境。同时，来自经济发达地区的旅游者进入，会促进地区社会文明的兴起和观念的改变。在这种情况下，旅游企业的经营行为以及旅游者的消费行为不仅使经营者和消费者受益，而且使整个旅游目的地全社会受益，这时，旅游目的地全社会边际收益大于经营者和旅游者的边际收益，形成了外部经济性。

从外部不经济来看，旅游企业的投资和经营行为以及旅游者的旅游消费行为，也会对旅游目的地的旅游环境产生破坏性影响。如旅游企业在旅游景区和景点的投资行为，可能会破坏当地的自然环境和生态环境；旅游企业在经营活动中所产生的噪声、污水和废气会对环境造成不同程度的污染；旅游企业超规模的旅游接待形成的旅游活动拥挤现象以及旅游者在旅游过程中对旅游资源和旅游环境的破坏与污染行为，都会使旅游目的地产生社会边际成本。如果社会边际成本大于旅游企业和旅游者边际成本，外部不经济现象便会产生。

为了实现市场的帕累托效率，唯一的途径是竞争，但前提条件之一是不存在外部性。只要存在外部性，通过旅游企业私人决策和经营行为并不一定促进资源的最优配置。由于外部性的存在会降低市场的效率，不能通过市场实现社会资源最优配置，就为政府干预旅游经济活动、通过控制市场来纠正"外部性"所导致的市场无效率提供了理论依据。

（三）旅游经营中的自然垄断

自然垄断的含义。自然垄断是指某种经济技术特征所决定的，某一产业部门由单个企业生产产品成本最低的现象。自然垄断行业具有以下几个特点。

（1）规模经济效益很明显。规模经济是指随着企业产量的扩大，长期平均成本不断下降。比如，城市供水、供气系统的主要投资是铺设地下管道，它在产品总成本中的比重很大，一旦有了地下管道，增加自来水和煤气的供给量所需的追加成本在总成本中的比重并不大，产出量越多，平均成本就会下降。这就是说，原先已经进入该产业部门的企业，生产规模越大，平均成本持续下降，因而必须把生产规模扩大到独占市场的程度；同时，在垄断企业已经存在的情况下，任何新的企业试图进入该产业部门，其初始成本必然很高也无法与原有企业开展竞争。

（2）存在大量的沉没成本。沉没成本是指已经进入某一行业的企业，在退出时无法收回的成本。沉没成本与资产的流动性有关，产成品、原材料等流动资产容易变现，沉没成本少；机械设备等固定资产专用性强，不易变现，沉没成本相对较多。比如在铁路企业中，钢轨和路基等固定资产所占比重较大，一旦退出交通运输行业，就会有大量的沉没成本。在沉没成本较大的情况下，如果由多个企业竞争，结果可能是两败俱伤。

（3）产品供给具有较强的地域性。异地的同类企业难以与本地企业展开竞争。因为一个地区的供水和供气必须依赖于本地区的管道系统，产品在异地间流动的高成本足以阻碍竞争。更何况，这些行业大多提供社会公众所需要的基本服务，如电力、煤气、自来水、供热、电信、铁路等。这就要求这些行业所提供的服务具有产量的稳定性和质量的可靠性。

旅游企业自然垄断也会使市场出现失灵问题。通过市场对社会资源实现有效的配置，使假定市场是一个完全竞争的社会，也就是说，在竞争中不存在报酬递增的现象。然而，在旅游经济活动中，许多旅游服务都是由报酬递增的企业提供的，这些服务性企业的生产函数具有随着需求规模报酬递增的特点。如旅游目的地景区景点企业、为旅游企业提供基础供应服务的气、电、水、邮电服务的企业，都具有一次性投资很大边际成本很小的经济特点，在整个服务提供中，平均成本是连续下降的，从而可以按照帕累托价格，即价格等于边际成本的定价原则实现资源的有效配置。然而，由于这些企业垄断着市场，追求利润最大化的动机使这些企业不是按照边际成本，而是高于边际成本，以利润最大化定价的。那么，利润最大化的价格（平均成本）与帕累托效率最大化的价格（边际成本）之间，必然存在一个服务提供量之间的差额，这时，服务的享受者就不可能以较低的价格接受服务，服务的提供量也必然不能达到最大的有效率的数量，资源就不能有效率地配置。

对于那些具有竞争性的旅游企业来说，为获得"经济租金"会竞相创新，使厂商面对的需求曲线变陡、市场力量增强，当创新突出的个别旅游企业的市场力量增强到一定程度有了左右市场的能力时，就会形成垄断或寡占。自由竞争的发展最终会引致垄断的生成，垄断是对竞争的否定。这种竞争的肯定发展而至否定的过程被称为"马歇尔悖论"。垄断会给经济带来损失并降低经济的效率；垄断使生产的产量过低而售价过高；垄断产生的租金促使厂商缺乏降低成本的动力因而管理松懈、研发不力，这对出资人来说是不能忍受的；垄断租金常常很高以至于厂商宁愿将精力用在寻租上而不是专注于经营。另外，垄断者不但会掠夺一部分旅游者的"消费者剩余"，而且会造成一部分旅游消费者剩余的无谓损失，这是社会经济效用的纯损失。垄断有这些弊端，却不能在市场中得到解决。因为"马歇尔悖论"告诉我们，垄断源于市场，完全依靠市场的自发机制来消除垄断是不现实的。为此，对垄断尤其是自然垄断，除了国有化外，在引入竞争或加强民营化的同时应进行政府规制。

（四）旅游经济活动中存在公共物品

公共产品的定义和特征。一般认为，公共产品的严格定义是萨缪尔森给出的，按照他的定义，纯粹的公共产品是指这样一种产品，每个人消费这种产品不会导致别人对该产品消费的减少，即具有消费的完全非排他性和完全非竞争性的产品，这也是狭义的或者说纯公共产品的定义。

所谓完全非排他性是指如果任何人都不必付费而能消费产品，而要将他人排除在外，要么是不可能，要么是代价太高。这种消费的非排他性包括两层含义：第一，技术上不可能；第二，技术上有可能，但在经济上代价太高。所谓完全非竞争性是指对此种物品的消费，一个人对这种物品的消费并不减少别人可得的消费量，而且增加额外的消费者并不需要增加供给。也就是说对于此种物品的消费，增加一个消费者，既不会减少其他消费者的消费，也不需要增加任何费用。

纯公共产品有国家公共安全服务、基础科学研究、立法司法、政府行政管理、环境保护等。就这些物品来看，首先无法将不付费者排除在外，或排除在外成本很高。同时，消费者的增加也不会引起生产成本的增加和导致他人消费的减少。此外，纯公共产品还有一个特性易被人忽视，即公共产品消费的非自愿性。也就是说，公共产品一旦生产出来，消费者愿不愿意也得消费，其供给由财政税收支撑，并不需要和消费者讨价还价。

同纯公共产品相反的是纯私人产品，即具有消费的完全排他性和完全竞争性的物品。该物品的消费，一方面可以不费代价地将他人排除在外；另一方面增加一个消费者会使边际成本很高，同时一个人使用该物品，别人就不能再使用该物品了。纯私人物品的例子俯拾即是。

旅游经济活动中的公共物品。旅游目的地的旅游环境是一个公共产品，无论是对旅游企业来说，还是对旅游者个人来说，提供一个良好的旅游目的地环境是旅游发展的必要条件。但是，提供旅游环境这个公共产品需要付出一定的成本，如旅游目的地的公共设施建设、维护和管理、自然环境和生态环境的保护、人们的教育水平决定的好客行为等，这些旅游环境的建设都需要付出相当的成本，需要旅游活动的受益者共同承担。然而，这些旅游环境生产出来后，无论是旅游企业还是旅游者是否支付了代价，都可以从旅游环境中获得一定的利益，这就形成了"搭便车"的现象。也就是说，每个旅游企业和旅游者都希望别人生产公共物品，让别人为公共物品的生产付出代价，而自己却能不付出代价而消费。在这种动机的驱使下，使市场对公共物品进行资源配置的机制失灵。

三、旅游发展中政府的作用

（一）政府干预的必要性

旅游市场失灵是政府干预的现实理由。从以上分析中不难发现，在旅游发展过程中，由于市场不完全性、信息不对称性、自然垄断现象、外部性以及公共物品的存在等原因，旅游市场会出现失灵现象，即市场机制有它自身难以克服的缺陷，正是这些缺陷的存在，需要政府合理地介入。

市场失灵的结果导致旅游经济活动不能按照资源的最优配置运行。为了保证旅游经济的资源有效率配置，有必要通过政府的行为对旅游经济进行市场干预，使旅游经济以及市场主体的经济活动向有效率的资源配置方向发展。

这里的政府干预是指政府以管理者的角色，通过一系列相关的政策、规制措施，对旅游经济进行某种程度的干预，以使旅游经济运行和发展符合政府预定的目标。政府干预不仅仅是宏观调控，宏观调控只是对旅游经济运行的总体或总量的控制。如在旅游地区结构中，针对西部旅游经济与东部旅游经济总量上发展的不平衡，政府为促进西部旅游经济的发展所采取的一系列政策和措施，是一种宏观调控。而政府干预是对宏观经济和微观经济领域进行的干预，它比宏观调控的范围要更广泛。政府干预也不仅仅限于经济手段，还包括通过经济手段、行政手段和法律手段对旅游经济实施干预。

我国的社会性质和旅游发展的现实要求政府干预。我国作为一个社会主义的国家，市场经济是与社会主义基本制度结合在一起的，这同西方国家资本主义制度下的市场经济是不同的。在这种情况下，国有企业和公有财产是公有制度的经济基础，如果没有这个基础，公有制度将会动摇。因此，从国家利益和公有制利益上说，公有财产的维护及发展便成为政府干预旅游经济的主要原因。同时，我国的旅游经济体系的形成是政府推动的结果，而不是像发达国家由市场自然发育的结果，市场机制的充分实现是建立在市场主体充分发育的基础上的，充分的市场机制与成熟的市场主体，是市场作用充分实现的关键。如果没有具有与旅游经济相适应的市场主体存在，将会出现市场主体缺位，如果市场主体虽存在但不能发挥主体作用，那么将会出现市场主体的弱化，无论是市场主体的缺位还是弱化，一个直接结果就是都不能实现市场的均衡。在这种情况下，市场机制的功能是不能充分发挥的。如果完全依靠市场来调节旅游经济活动，不仅不能实现资源的有效配置，反而会使旅游经济运行出现新问题，如旅游饭店出现的削价竞争的现象，不是由于成本降低推动的，也不是由于市场需求不足形成的，而是有深层次的经济原因。作为一个具有供给刚性的饭店业，在市场主体没有形成的条件下，市场活动也必然是无序的，加上投资方式的多种多样、企业行为的多目标性，仅靠市场来调节是无法实现旅游经济的有效运行的。

政府干预是旅游经济本身的要求。旅游经济是一个综合的经济现象，这不仅表现在旅游经济体系组成具有多行业性，还表现为多地区性。旅游经济所需的各种经济要素有相当一部分是公共物品，对这样一种综合的经济现象，仅仅靠市场机制下的私人生产和供给难以实现全社会资源的有效配置。比如说，旅游目的地形象是旅游经济的一个重要因素，是引起旅游行为和旅游经济行为的主要动因。旅游企业经营效益的好坏不仅取决于通过市场运作的自身努力，还在一定程度上取决于这个旅游企业所在的市场形象。对于目的地形象这个公共性物品，靠私人行为是无法提供的，也只能通过政府来提供。树立旅游目的地形象，是靠政府对基础设施的投资行为实现的。某个地区能否将潜在的旅游资源转化为经济资源，不仅取决于这个地区能否对旅游资源进行有效的开发，还取决于客源地与这个地区是否具有良好的交通通道。这个地区如果没有一定的交通作为保证是不可能成为一个旅游目的地的，旅游企业也不可能取得一定的经济收益。提供交通的经济活动不是旅游目的地所能实现的。如果让企业与交通行业就交通问题进行谈判，是很难达成契约的，如果通过政府的行政性资源来进行，就可以降低企业之间就交通问题讨价还价所形成的交易成本，从而大大提高资源的利用效率。

（二）政府干预旅游市场的内容

政府对旅游经济的干预主要是解决自然垄断、外部性、公共物品提供、市场发育不完全性以及市场主体弱化等问题。由此，在旅游经济中政府的主要行为表现在以下几个方面。

消除市场障碍，培育旅游市场体系。在旅游经济中，市场缺陷主要是由于市场发育不完善而出现的功能性障碍。我国旅游经济起步较晚，为了加速旅游经济市场体系的形成，必须由政府出面，清除旅游经济成长的市场障碍。当前，旅游经济中非市场因素很多，如旅游经济的地区性和行业分割。统一的旅游经济并没有形成，各地方和行业追求本部门本地区与本行业的利益，使市场机制不能很好地发挥作用，影响了资源配置效益。

在旅游经济活动中，政府培育市场的过程，实际上是政府职能的转变过程，也就是政府要从以行政手段直接管理和干预旅游企业的活动中解放出来。如果政府职能不转变，无论是旅游经济的市场主体，还是旅游经济的市场客体，都难以发展和完善。在旅游经济中，培育市场表现在完善市场主体和市场客体两个方面。

培育市场的一个重要内容，是要建立与旅游经济相适应的市场主体。在旅游经济中，市场主体的缺位以及市场主体弱化是一个突出问题。政府要利用各种行政性手段来加速市场主体培育，使旅游企业成为能与国际旅游企业相抗衡的市场主体。市场主体的培育表现为两个方面：一是政府要转换国有旅游企业的经营机制，建立现代企业制度；二是通过各种行政性手段和制度性手段促使具有一定经济规模的旅游企业和企业集团快速发育。市场客体的培育主要表现为市场体系的建立。我们知道，健全和完善的市场体系是市场机制发生作用的前提。当前，我国旅游经济中，入境旅游市场体系发展很快，而出境旅游市场和国内旅游市场发育缓慢；点线旅游经济体系发育较好，而板块旅游经济体系发育较慢；观光旅游市场体系发育较快，而度假旅游和特种旅游市场体系发育较慢。同时，无论是旅行社分工体系，还是旅游饭店的市场细分都还处于初级发育阶段。所有这些，都需要政府发挥自觉培育市场的职能，促使市场发育。

弥补旅游市场运行中的不足。由于外部性和自然垄断的存在会使市场出现失灵，因市场失灵而出现的市场缺陷需要政府出面进行干预。对此，政府要通过各种干预手段，减少市场主体的外部不经济的现象。

由于旅游经济是一个综合经济现象，一个行业或一个企业的经营决策及经营行为会对其他行业和企业产生收益与成本的影响，形成外部性。外部性的存在会大大降低资源的有效配置。如果旅游景区景点企业出于自身利益的考虑，在有需求弹性的情况下，大幅度提高门票价格，从而大幅度增加收益，会对饭店和旅行社企业的经营产生重大影响，形成外部不经济现象；民航、铁路等交通运输行业提高价格，会使这些行业通过提价受益，但这种受益却是以牺牲旅游目的地经济利益为代价的。无论是什么形式，都会大大降低社会资源的配置效率，形成社会总收益的下降。由于在旅游经济中，市场主体并不完全承担它们引发的外部不经济的后果，有些主体反而可以从外部不经济中获得一定的收益，所以，在利益的驱使下，如果没有政府的干预，这些行业和企业不会停止制造外部不经济的活动。

另外，政府还要对市场的垄断行为实施干预。垄断会破坏市场功能。当旅游经济的市场主体由于自然或市场的原因形成了对旅游经济某个领域的市场垄断时，市场就难以形成最优的资源配置。垄断的直接后果是使市场主体的创新动力下降，政府要通过各种手段来限制垄断行为，以保证市场机制最有效地发挥作用。

向旅游市场提供公共物品。旅游经济是借助于大量的公共物品运行的，如旅游地的形象、旅游宣传、国际旅游市场的对外促销、国际旅游者的出入境条件、城市旅游环境、旅游基础设施、旅游资源和景点景区等。没有这些公共物品的存在，旅游经济是无法开展的，作为公共物品，私人企业是不愿生产和供应的。也就是说，市场上的旅游企业是不愿提供无利或低价微利的服务的，而这些必须由政府向市场提供。因此，提供一定的公共物品是政府的一项重要职能。

建立市场规则，维护市场交易秩序。市场规则是根据国家法律法规制定的各种行政规定以及市场形成的准则和制度。就市场规则的形成过程来说，一部分市场规则是国家的法律法规以及政府根据旅游经济的实际情况制定的各种行政规定、命令、管理条例和管理制度；另一部分是由市场交易活动所形成的规则和国际惯例，如饭店日间房租规定、旅行社定价规则等。这些规则虽然不是由政府制定的，但是政府要按照这些规则对市场主体进行管理，以维护市场正常交易秩序。在旅游经济中，大量的市场规则是由政府制定的，这些规则主要有：旅游企业以及市场主体进入市场的规则；旅游企业以及市场主体退出市场的规则；旅游市场运行规则、旅游企业制度等。

总而言之，政府对旅游经济干预是对旅游经济进行总体干预，而不是对旅游经济个别市场、个别旅游经济主体进行干预，也不是对从事旅游经济活动的个人经济行为进行干预。

因此，有人认为政府对旅游经济的干预，除了向市场提供公共物品以外，主要是控制旅游社会总需求与总供给达到均衡，其主要干预目标是调节旅游总需求，而不是调节总供给。对旅游总供给的调节主要是通过产业政策和地区政策来调整旅游产业结构与地区结构，通过产业结构的调整来提高旅游总供给。因此，政府对旅游经济的干预，从旅游供给和需求关系来说，对旅游总需求的干预是直接的，对旅游总供给的干预是间接的。政府在干预旅游经济的同时，对经济组织进行引导和提供相应的服务也是重要的。政府通过建立旅游宏观经济信息网络，可以大大降低旅游经济市场主体交易费用，促进资源最有效的配置。

行为决定职能。对于政府在旅游经济中的职能，学术界也有不同的认识。政府对旅游经济干预的范围，既与市场机制作用有关，也与市场发育过程有关。也就是说，在市场经济条件下，政府对旅游经济的干预是由市场的不完全性引起的。因此，一个国家内旅游经济的市场不完全程度决定政府干预的程度和干预的范围，从而决定着政府在这个时期所具有的职能。

在比较成熟的市场经济制度下，政府对旅游经济的干预主要表现在向市场提供公共物品，限制垄断，弥补市场不完全性和信息的不对称性，使经济外部性内在化，监督市场合同的执行，界定和保护产权等方面。然而在不成熟的市场经济条件下以及处于市场发育阶段下的中国，政府对旅游经济的干预除了以上职能以外，培育市场、优化环境、制定规划和建设队伍也是政府干预旅游经济的主要职能。也就是说，在旅游经济现阶段内，政府的主要职能表现为：培育市场、优化环境、引导信息、制定政策、限制垄断、制定规划、基础建设、监督市场、对外宣传和队伍建设十个方面。

第二节　旅游规制

一、规制的含义

规制的界定。规制源于日本学者的文献，顾名思义是依规而制，即依据一定的规则对社会活动主体进行的限制。其内容涵盖很广，从规制的主体来看可以是国家机构，也可以是私人个体机构；从规制的对象看可以是宏观经济活动，也可以是微观个体（消费者、厂商、其他组织）。国家机构对宏观经济活动的干预是宏观经济政策的研究范畴，私人个体的规制行为是微观的自利活动。这两个层次的规制不在本书讨论的范畴，本书关心的是国家机构对私人个体经济行为的各种限制，因此本书将规制的内涵界定于这一层次。

规制的理由。多数发达国家的规制是基于市场经济这一前提，以解决市场失灵为目的。众所周知，如何有效地解决生产什么、如何生产、为谁生产的问题是每个社会都要面对的。新古典经济学家从理论上论证了完全信息、完全理性条件下的完全竞争市场是最有效率的。如果市场是完全竞争的，经济运行就可以达到帕累托最优状态。但是现实的市场和完全竞争市场有很大差异，比如存在垄断、信息不对称、外部性、公共产品的提供等问题，这些问题的存在使经济运行的效率不能达到最优。同时，即使在完全竞争的条件下，也可能存在社会收入分配的公平性、经济的稳定性以及非价值物品等问题，这种现象称为市场失灵。传统的理论认为，市场失灵靠市场机制自身无法解决，要由国家通过规制的办法来克服，以达到提高效率和增进社会福利的目的。解决市场失灵是所有规制实施的理由。

规制的内容与分类。学者依据不同的标准对规制的分类很多，而日本学者植草益的研究比较全面。他认为，所有有关市场机制内在问题的法律制度和政策都是规制，总共可以分为以下八类。（1）保证分配的公平和经济增长为目的的财政、税收、金融政策。（2）提供公共设施和服务的政策。（3）处理不完全竞争的反垄断法、商法等政策。（4）处理自然垄断为目的的政策——在公益事业等领域的进入、退出、价格、投资等政策。（5）以处理非价值性物品和外部不经济为目的的政策。（6）以处理信息偏在（指信息不对称）为目的的政策——保护消费者利益、公开信息、对广告的说明制约、知识产权保护等。（7）各种产业政策（新生产业政策）和科技振兴政策（专利、实用新法、设计、商标、著作权等与知识产权相关的政策和规格统一化政策）。（8）其他政策：劳动政策，以及与土地资源相关的政策。

其中，（1）与（8）不在本书的范围之内，（2）为公共供给政策，（7）为公共引导政策，（3）~（6）是最基本的为解决市场失灵而依法限制经济主体活动的行为，称为公的规制或公共规制。从广义上说，公共规制就是国家干预。它的任务是，在市场经济条件下，通过经济、法律、行政手段，矫正市场机制的内在问题。

按照是否介入经济主体的决策，公共规制可以分为间接规制与直接规制两类。（3）（6）为间接规制，由立法机关通过法律手段，解决市场竞争中的一般问题，以形成维持竞争秩序、有效发挥市场机制职能、完善制度为目的，不直接介入经济主体的决策。（4）（5）为直接规制，由行政机关在有关法律的基础上，通过政策、规定、建议、劝告、警告等行政手段，解决市场竞争中的特殊问题，直接介入经济主体的决策，防止在社会经济中出现不良市场结构。直接规制又可分为经济规制和社会规制两种：经济规制指在存在自然垄断和信息不对称的部门，以防止无效竞争的资源配置的发生和确保需要者的公平利用为主要目的，对企业的进入、退出、价格、服务、质量及投资、财务等方面的活动所进行的规制；社会规制指以保障劳动者、消费者的安全、卫生、健康以及保护环境、防止灾害发生为目的，对产品和服务的质量及伴随提供它们而产生的各种活动制定一定标准，并禁止、限制特定行为的规制。

二、旅游规制的必要性

（一）旅游规制含义

规制，一般指政府规制，意为政府从公共利益出发，通过法律、法规、政策、制度等来控制与规范社会经济主体和事业主体的行为，纠正在市场不健全或市场失灵情况下发生的资源配置的非效率性和分配的不公平性，目的在于促进产业结构合理、资源配置优化，维护社会秩序和社会稳定。

明确了规制的含义和基本类型之后，我们就可以根据旅游业的实际情况，来考察旅游规制的问题。鉴于旅游业具有综合性、配置性和服务性的特点以及国民化的趋势，旅游规制是解决旅游经济中市场失灵的一个有效方法，即旅游规制是政府利用行政性资源和行政手段，从维护旅游者的公共利益和国家的整体利益出发，纠正或缓解市场失灵与市场缺陷带来的不经济和不公正，从而维护旅游经济和旅游市场秩序的稳定，提高所有旅游者的福利水准。

（二）旅游规制的原因

旅游经济的公共物品属性和外部性。旅游经济无论是从其内部还是外部来说，都具有很强的公共物品属性和外部性。这种公共物品属性和外部性主要表现为旅游地的形象建设、旅游经济相关连接领域的文化塑造、进行产品创新、市场开发培育和市场秩序维护以及旅游环境保护和一些公用、基础设施的建设等方面。对于具有外部性的行为，如果任其由市场机制自行调节，必然出现"搭便车"或者"智者博弈"对局。即中小旅游企业等着由大的旅游集团和大的旅游企业进行旅游市场的培育、旅游目的地或客源地形象的维护与建设以及各种新产品的研发，而自己却不花成本或花极少的成本搭便车、跟风和模仿。在这种情况下，市场规则的紊乱使竞争机制无法充分实现资源的有效配置，其结果使旅游市场无论是供给还是需求都将为之付出更大的代价。

对于公共物品，如果对其产权不进行排他性界定，会导致对该资源的过度使用。但是，如果完全由（私人）厂商来提供公共物品，厂商间博弈会使公共物品的纳什均衡供给小于帕累托最优供给，且两者之间的差额随提供者数量的增加而增加。也就是说，由私人提供公共物品将造成供给不足。这时，只有政府规制的介入才是有效的解决之道。有一些公用或基础设施，兼有公共物品和私人物品的特征，被称为俱乐部物品，如公园门外的停车场、城市内的主题公园，既给所有者带来好处，也给周围的非所有者带来便利或好处。为了保证或提高俱乐部物品的使用效率，最有效的办法是通过某些制度安排以实现其排他性消费。

旅游市场垄断因素的存在。一般认为，旅游业具有较高的固定成本。旅行社虽然不具有高固定成本，但是随着旅游向个性化、多样化和高新化的发展以及市场全球化和竞争白热化，研发、客户维护、服务深化和宣传推广的费用将成为决定旅行社生存而需投入的固定成本，而这些成本显然是巨大的。因此，未来的旅游业必将是个高固定成本且高沉没成本的产业。由于旅游业是劳动密集型和信息密集型产业，对人力资源、创新和信息的依赖性很强，这些因素使旅游业内完全有条件形成垄断和寡占的市场格局。垄断使整个旅游产业的产出不足，造成就业的不充分；垄断的高额垄断资金效应使整个旅游产业的经济效率降低，从而影响旅游经济的增长。旅游业作为吸纳就业、拉动需求和促进经济增长的一个重要的支柱产业，垄断的形成是与国家发展旅游业的目标相左的。市场机制自身是不能消除旅游业的垄断现象的。因此，通过政府制定反垄断法、反托拉斯法和智力成果保护法，引进竞争性规制，可以形成良好的市场格局和市场秩序，将有效地达成规范市场、促进经济发展的目的。

旅游经济信息不对称。在旅游经济中，信息不对称普遍存在。信息不对称将会出现旅游需求的逆向选择，阻碍旅游者享受到低价优质的旅游产品。针对旅游者的逆向选择，提供低价优质产品的旅游企业就必须通过低价高昂的前期投入（如大做广告）和过程投入（如打造品牌、建立信用）实现信号传播。但是由于受信息质量、受众分布、传输时滞等因素的影响，信号传递是不充分的。在这种情况下，就会加大旅游者获取有关低价优质旅游产品等有效信息的搜索成本，此类现象在旅游业内屡见不鲜。由于旅游生产与旅游消费具有同步性，旅游供给方又具有信息优势，因此质量差的供给方易于做出过多的承诺，更热衷于低价竞争来扰乱市场秩序。为了减少旅游市场上的信息不对称、节约旅游厂商和旅游者的交易成本，引入政府规制的行为是必要的。政府可以通过旅游信息预报制度、运输部门价格听证制度、旅游企业年审制度、评选优秀旅游企业制度，降低由信息不对称所形成的成本，提高旅游经济的效率。

建立并优化现代规制体系。旅游规制不仅表现在政府对旅游经济的干预上，在我国的现实国情下，它更表现于对以往行政主管部门直接管制旅游经济的松绑、对行政垄断和政企不分的破除、对主管部门设租等公共失灵的纠正上。从计划经济中产生的政府对市场的"看得见的脚"，其负面作用的消除仍然要靠政府自身行为来解决，所谓"解铃还须系铃人"。旅游规制不是单方面表现在对市场的规制上，还表现在对政府自身行为的规制上。

其目的绝不是要限制市场机制的运行，而是使市场机制能更有效地运行。

三、旅游规制的目标与手段

（一）我国旅游规制的现状

我国旅游规制的特征。我国的旅游规制起源于计划经济时代对旅游的部门管理。改革开放以后，我国逐步形成了以行业管理为主的旅游规制体系。1996 年《旅行社管理条例》的出台，标志着该体系的正式形成。由于旅游经济涉及多个相关产业，旅游管理部门由于缺乏专业管理的组织体系，管理权威缺乏行政性资源的支持，使我国的旅游规制带有弱权威的特性。另外，我国旅游全行业管理，不仅表现在旅游行业管理的"全行业"上，而且表现在行业管理的"全过程"上。我国在行业管理方面的旅游规制，主要还是通过政府的行业管理组织（如国家和地方各级旅游局）来实施的。其主要工具仍是行政手段，即在改变以往直接干预企业微观运作的改革思路下，通过对市场失灵领域进行调节并对企业进行间接的引导，达到完善市场、激活企业的目的。

值得一提的是，我国政治体制改革的深入，改善了旅游规制的实施环境，特别是政企分开制度的进一步界定与实施，为行业规制创造了有利条件。以前党政机关、各部委、各地方政府普遍办企业，行业规制处于代利益执法的尴尬境地，难以做到公正、透明。体制改革促进了我们的旅游规制向法制化、有序化方向发展。

（二）目前我国旅游规制存在的问题

（1）制度惯性带来的部门本位主义依然存在。责权、事权界定清晰，对旅游经济实施管理的部门便可以相互制约并达成必要的均衡。而现阶段，这种"清晰"在旅游经济管理的各部门之间还有待明确。事实上的部门制约常常带来额外的"扯皮"成本。比如，对景区环保的治理，除景区管理部门外，不但要经环保部门的审查还要征得政府相关部门的同意，如将参与行动的各方做一个博弈分析，可能是个智者博弈，也可能是个囚徒博弈或斗鸡博弈，但无论如何，总会有效率和效用的损失。

（2）政企改革还未彻底完成，地方保护主义发作的行政环境和利益诱因仍然存在。尽管我国的旅游业开放较早，改革力度较大，竞争也很激烈，但是由于体制改革和机构改革还未完全到位，没有形成通过国家立法而依法建立的相互独立的旅游规制机构和规制执行机构。另外，规制机构和被规制者还有未完全脱钩的环节与方面，"政"与"企"的利益纠缠和人事纠葛使当地旅游管理方宁愿忽视"消费者主权"。地方旅游局在业务上与上级旅游部门联系，但行政上仍然受地方政府的管辖，从经济和政治利益上都难以做到在全行业视角上的公正和有效。同样，旅游局内部旅游行业管理处和质监所的关系也是在"政出多门"体制下困扰人们多年而未解决的问题。所有这些都呼唤着旅游规制真正走向政企分开的道路。

旅游规制机构的横向协调能力较弱，这与我国转型期间很多行政资源和连带经济资源从国家垄断走向部门垄断有关。部门垄断比过去的"大一统"反应度、灵活性和配置效率有了显著提高，但毕竟在行政和经济上还缺乏足够的明晰，部门出于利益考虑，便加大了部门间协调的困难。现实中，旅游业的行业管理等规制工作牵涉极广，比如出境旅游管理问题就与公安、外交、外汇、海关、工商管理等许多部门直接相关。旅游业的脆弱性使旅游业受其他行业、部门的影响很大，而我国旅游规制机构的行政权力、权限和权威有限，协调能力相对软弱，不利于行业的稳定和平衡发展。如何增强旅游行业宏观调控能力，这仍然是今后相当长一段时间内旅游行业管理的大问题。

（3）我国旅游规制的方向还有待调整。我国旅游业发展总体上保持两位数增长，但是，许多行业的利润率却持续下滑。酒店业开房率和价格都在不同程度地下降，淡季的情况更是惨不忍睹。旅行社在恶性的削价竞争中效益持续下滑。究其原因，一方面是我们的旅游企业还没有形成具有引领行业动向的领袖企业和品牌，从而使"军阀混战"的行业缺乏自律；另一方面，我国旅游业的法治环境发育不成熟，使旅游政策、方针的行使十分被动，"依法兴旅"依然任重道远。我国旅游规制具体的方向和重点还有待进一步调整与优化，如增强旅游行业管理宏观调控能力，建立独立或明晰的旅游法律法规制定、执行和监督体系，引导建立稳定走向行业的龙头企业等。

（二）我国旅游规制的目标

实行规制的目标。规制究竟是为了解决什么问题？许多学者从不同角度进行分析，从而形成了各种政府规制理论。归纳起来主要有两种，即规制的公共利益论和规制的部门利益论。

（1）公共利益论。公共利益论是传统的规制理论。这一理论认为，在那些存在市场缺陷的领域，政府通过对私人经济活动进行直接的规范、约束和干预，以维护社会公众的利益。

公共利益论主张，哪里有市场缺陷，哪里就要实行规制。不过，在现实生活中，一般不存在完全竞争的市场，市场缺陷不可避免，因而按照这一理论，规制的范围几乎是无边无际的。虽然人们已逐步认识到，在许多场合规制的成本已超过所获得的收益，但因政府在弥补市场缺陷方面有许多优势，因而规制仍然被广泛地实施。

（2）部门利益论。部门利益论是现代的规制理论。人们发现在实际生活中，政府规制的效果恰恰有利于生产者，如出租车市场上政府规制的价格往往高于成本且不允许其他经营者随意进入，结果使营运者获得高于正常利润的收益。在这种背景下，美国经济学家G.J.斯蒂格勒最先提出部门利益论。

这一理论认为，确立政府规制的立法机关或实施政府规制的部门，仅仅代表某一集团的利益，并非是为广大社会公众的利益而设计，因为一个集团可以通过说服政府实施有利于自己的规制行为，把其他社会成员的福利转移到自己集团中来。政府规制与其说是为了符合公共利益，不如说是"特殊利益集团"寻租的结果。有时候，政府规制也会给社会公众带来一些利益，但那不是政府规制的初衷，只是一个"副产品"。

后来，在部门利益论的基础上派生出一种新的理论，即俘虏理论。这一理论认为，在许多情况下，促使政府规制的，或者是被规制者本身，或者是其他有可能从中获益的人或机构。规制者被受规制者所俘虏。这里有两种情况：一是确立政府规制的立法机关被受规制者所俘虏。即在立法环节，相关法案是应规制对象的要求而制定的，目的是借此保护某一领域生产者的利益；二是实施政府规制的职能部门被受规制者所俘虏。即由于存在交易费用和信息不对称问题，规制对象可通过向职能部门提供虚假信息，促使政府规制有利于自己。

旅游规制的目标。旅游规制作为政府对旅游行业实行的规制，从总体上说，是用行政性资源和行政手段，从维护旅游者的公共利益和国家的整体利益出发，纠正或缓解市场失灵与市场缺陷带来的不经济和不公正，从而维护旅游经济和旅游市场秩序的稳定，提升所有旅游者的福利水准。但是，由于我国现在正处于经济转型的特定时期，"培育旅游市场机制、建立旅游市场规则、维护旅游市场秩序"是现阶段旅游规制的主要目标。

（三）旅游规制的手段

保护与监督。通过实施一定的法律制度，保护人们的产权不受侵犯，同时监督人们按一定规则行使产权，对产权行使过程中的矛盾加以协调。如保护旅游企业的财产权不受侵犯，保护旅游从业者权益和旅游者的权益等。

禁止和特许。借助法律禁止是政府最强硬的规制手段，如禁止无旅行社经营许可证的企业经营旅游业务，禁止无证人员从事导游工作。政府也可以建立特许制度控制进入，如定点餐饮、定点购物等。

价格、费率和数量限制。如对景区景点的门票借助于价格控制进行规制，防止景区借助垄断地位索取高价，谋求超额利润。

服务质量标准和技术生产标准。通过服务质量标准确保服务产品的质量，如导游服务质量标准、旅游区（点）质量等级的划分与评定；通过技术生产标准确保生产过程的安全，如游乐园（场）安全和服务质量等。

补贴。为补偿企业的一部分生产成本，政府会发放补贴，既可以是直接的补贴，也可以是间接的补贴。如"非典"期间和过后许多地方实行的税收减免政策等。

信息提供。信息不充分是市场缺陷的表现之一。政府可在很少甚至没有成本的基础上直接向消费者提供信息，也可以要求企业通过信息标识直接向消费者提供信息。如建立旅游信息系统、发布旅行社年检信息等。

第三节　旅游行业管理

一、旅游行业管理概述

（一）行业与行业管理

"行业"，起源于中世纪，原本是按所生产的商品种属和形态对手工业的分类。也就是说，生产同一类或大致相同的商品和服务的企业即组成同一行业。"行业"概念的形成是社会分工和手工业不断扩大与发展的结果，同时也是市场竞争的产物。在现代经济条件下，企业经营的内涵越来越丰富，行业的外延逐步扩大，行业的界限越来越难以确定，但是由于社会管理和市场组织的需要，我们还是应该进行行业的划分，从而适应在新的条件下，对社会经济发展管理的需要。

行业管理是在根据产品和劳务的不同特点对行业进行分类的基础上，由不同的政府部门进行的对口管理。它是由政府部门或行业组织通过规划、控制总量和制定政策标准等手段实现的，是一种对全行业总体上的管理与协调。

行业管理是政府的主管部门对行业实施的宏观管理。它既包括国家计划和产业政策如何在某一行业集体实施的问题，也包括企业发展所需要的市场条件如何从体制上保证的问题。一般来说，行业管理涉及中央管理部门和地方管理部门、专业管理部门和综合管理部门、各类管理部门和企业等各方面的关系。按照传统体制，纵向关系表现为条条管理，横向关系表现为块块管理。

行业管理的提出是市场和行业自身发育到一定程度的结果。行业管理的实施则需要市场的进一步完备和行业发展机制的形成。行业发展机制代表了行业内所有成员的共同利益，它包括行业的自我保护机制、行业的自我约束机制和行业的市场促进机制三个方面。行业发展机制的形成又要依赖于行业管理体制的完善。

（二）旅游行业与旅游行业管理

旅游作为一种行业的划分，既具有与其他行业相似的特性，又具有其特殊性。一般行业的划分是依据所生产的商品和劳务的不同特点与不同种类进行的，而旅游行业在很大程度上是根据旅游者的消费范围确定其行业范围的，这就使旅游行业的范围变得具有很大的模糊性。既然旅游是以旅游者为对象的、为旅游者提供所需商品和服务的综合性行业，那么所有直接或间接为旅游者提供所需商品和服务的或者说所有直接和间接从事旅游业务的行业都可以划归到旅游行业的范畴。实际上，对行业范围广泛而模糊的旅游业进行行业管理是很困难的，我们通常所说的旅游行业管理更多的是从狭义方面来说的。

旅游行业管理，宋振春等认为，是"政府旅游主管部门及其各类旅游行业组织通过对旅游事业的总体规划和总量控制，制定出促进旅游事业发展的方针、政策和标准，并以此为手段，对各种类型的旅游企业进行宏观的、间接的管理"。王大悟则认为，"行业管理就是通过规则、法规、政策，引导市场趋势，建立市场规则，去协调、监督、维护市场秩序，规范企业行为，为企业发挥活力创造良好的经营环境"。张辉认为，"旅游行业管理就是政府通过规划、法律、政策，引导市场趋势，建立市场规则，进而协调、监督、维护市场秩序，规范企业行为，维护旅游者的权益，为旅游产业快速、健康、持续发展树立良好形象，创造良好的经营环境"。叶全良认为，"旅游行业管理是指政府行政部门及旅游行业协会组织，通过对旅游业的总体规划和总量控制以及制定旅游业的方针、政策和行业质量标准，并以此为调节手段对旅游企业经营活动进行宏观的、间接的管理。它是一种复合式的指导性的管理方式，与通常所说的部门管理不同。部门管理是按隶属关系系统自上而下的行政指令式管理，而行业管理是按业务性质与类别进行的调控式管理。无论哪个部门、哪个企业，只要从事旅游业务活动，都必须接受旅游行业管理"。

以上是关于旅游行业管理的几种典型看法。从上述定义可以看到，旅游行业管理就是管理旅游市场，培育旅游市场机制，建立旅游市场规则，维护旅游市场秩序。它涉及旅游行业管理的管理主体、对象、方式、手段、目标等内容。

（三）旅游行业管理的特征

旅游行业管理是对旅游业的行业管理。因此，旅游产业本身所具有的性质和旅游行政部门的部门性质都将对旅游行业管理的特征产生决定性的影响。目前我国旅游行业管理的特征主要表现在以下几个方面。

旅游行业管理基础的脆弱性。旅游行业管理基础的脆弱性是由于旅游行业管理部门性质的特殊性引起的。旅游产业的综合性使旅游部门有了综合部门的性质，但是旅游部门只有综合部门的性质，没有综合部门的权威；旅游部门是一个专业经济管理部门，但是又没有专业管理部门的管理体系（垂直管理体系）；在政府格局中作为职能部门存在，但是又没有职能部门的管理手段。旅游部门面临的这种状况使旅游行业管理的困难非常大，其管理基础十分脆弱。

旅游行业管理对象要素的综合性。旅游产业是一个关联性极强的产业，而且旅游产业的"住、吃、行、游、购、娱"六大要素使旅游行业管理的涉及面非常广，管理要素的多元性、分散性决定了行业管理的综合性。

旅游行业管理幅度的宽泛性。旅游行业管理幅度的宽泛性是指行业管理涉及的部门广、协调范围宽、协调难度大。在相当程度上，旅游行业管理部门的工作是进行部门间的协调。旅游者的旅游活动是涉及多个部门的一个完整的过程。以旅游的依托——旅游吸引物的管理来说，就存在严重的"政出多门"现象。虽然在理论上，宏观经济管理部门、行业管理部门、职能管理部门之间有较为明确的分工，但是在现实中，往往由于涉及权力和利益问题，"政出多门""多头管理"造成管理部门之间的协调困难。

旅游行业管理的政策性。由于旅游业具有综合性和依赖性，旅游行业管理部门与国家的其他部门之间就存在一个管理权的交叉问题，旅游行业管理部门就需要通过相关途径来争取某些对旅游产业的发展至关重要的管理权，在争取过程中就表现出很强的政策性。

旅游行业管理的服务性。对于旅游行业管理来说，行政性的审批权非常重要，但目前旅游行业管理部门真正得到行政授权的只有旅行社的审批。因此，要想在行业管理中确立起行业管理部门的权威，只能靠为旅游企业服务的精神，把行业管理的工作做到位，给旅游企业带来实实在在的利益，企业才能承认你的权威，才会服从行业管理部门的管理。旅游行业管理的服务性以及行政性资源的缺乏，促使其在行业管理手段上要尽可能地通过标准化方式来拓宽有效管理的范围。

旅游行业管理的动态性。一方面，体现在旅游行业管理工作的连续性上。一般地，旅游行业管理开始时的开拓性工作经过几年的运作，逐步为大家接受，形成模式、规范，继而就将转为日常性工作。这样，由开拓到规范再到日常，形成了行业的动态性管理。另一方面，旅游行业管理涉及旅游企业运行的全过程。比如，从对旅行社业管理的过程来看，旅行社许可证的审批、质量保证金的收缴、年检工作的开展、全国百强企业的评比和对不合格企业的处理等，基本形成了一个动态管理体系。

（四）旅游行业管理的主体与对象

旅游行业管理主体。理想的旅游行业管理组织体系应该包含两个主体：一个是政府行业管理机关，代表国家履行行业管理职能，主要以法规和政策手段为主，是一种调控和干预性管理；另一个是行业管理组织，以协调服务为手段，实行自主协调行业管理。这一主体下可以形成两个层次，一是靠近政府的大的行业协会，属半官方半民间性质，以协调手段为主，是一种推动性的管理；二是纯民间性质的、以服务为主要手段的行业协会，实行自律性的管理。

行业管理是以行政管理为主，还是以行业协会管理为主，这要视行业的不同情况而定。一般来说，行业规模稳定、国际化程度和综合程度较低的，适宜以自律性的行业协会管理为主；反之，则适宜以行政管理部门为主。旅游行业适宜以行政管理为主、行业协会管理为辅。在由计划经济向市场经济过渡的大背景条件下，政府旅游管理部门的职能要实现三个转变：由微观管理转向宏观管理，由直接管理转向间接管理，由部门管理转向行业管理。

旅游行业管理对象。关于旅游行业管理的对象，由于旅游业属于综合性行业，从广义上来讲，所有直接或间接为旅游者提供所需商品和服务的企业都要受旅游行业部门的管理。在实际操作中，对综合性很强的旅游业实施管理是很难把握的。因此，我们通常所说的旅游行业管理更多的是从狭义方面而言的，即旅游行业管理主要是对直接从事旅游服务的行业、交通客运业和以旅游饭店为代表的食宿业的管理。

二、旅游行业管理的手段

行业管理手段以市场经济为中心而建立，应当形成一个管理手段体系。在社会主义市场经济制度下，有效的旅游行业管理取决于有效的管理手段。一般来说，管理手段是与管理主体相联系的，旅游行业管理的主体有行业管理组织和政府的行业管理部门。从政府的行业管理部门来说，是以行政手段为中心建立旅游行业管理手段体系；从行业管理组织来说，是以服务为中心建立的旅游行业管理手段体系。

政府部门的主要管理手段就是行政手段，无论是建立市场规则还是维持市场秩序，离开行政手段都是不可能的。实施行政手段的关键是要改变运用行政性资源的方式，改变以往那种直接干预企业经营活动的管理方式。而在政企分开的基础上，用行政手段进行外部规范，尤其是规范市场无法有效调节的领域，以使旅游企业符合市场运作的多方面要求，从而通过保障市场的发育和完善，使企业具有更大的活力。今后强化旅游行业管理，应该超越传统意义上的行政手段，建立并强化新的行政手段。

在市场经济条件下，作为理性的市场主体，企业最关心的当然是盈利。营利的手段有很多种，譬如通过提高产品的市场占有率，通过提高企业的社会公众形象，通过制定符合企业实际的竞争战略等。因此，行业管理对企业经营的根本促进在于通过行业管理，形成行业自律，使企业降低生产成本和交易成本，从而增加利润。其中最重要的是净化企业面对的市场环境，因为如果市场竞争环境不规范，那么即使有再好的竞争战略恐怕也难以发挥应有的作用。旅游行业管理的手段有行政、经济、法律等三种基本手段。具体地说，可以有以下几种手段。

法规手段。市场经济是法治经济，因此规范市场大体是通过法律规范、政策规范和技术标准来实现的。法律规范的约束力最强，但是目前最重要的《旅游法》由于需调整的范围较广、难度较大，难以在短期内出台，所以现实的选择，一是充分利用既有政策规范作为管理依据；二是针对行业的具体情况，先行制定一些行业性的法规，这一点已经在各地的旅游实践中得到了充分体现，比如，各地的《旅游管理条例》。此外，利用技术标准进行行业管理也已经取得了很大的成绩，比如，饭店星级标准、旅游景区（点）标准等。推动旅游行业的标准已成为国家旅游局的一项重要工作。

审批手段。审批是最能体现政府行为特性的手段。政府机构是社会公共利益的代表，也是面向各方的社会公共服务机构。与其他行业相比，目前旅游行政管理机构的审批权并不多，主要有三个方面：旅行社企业设立许可；导游从业资格执照；授予旅游定点和饭店的批准手续。审批既是履行法律义务与授权的形式，又是以行政方式确认某个个人或企业行为是否达到了设定的标准。前者涉及控制市场出入的闸门，后者涉及市场活动的公正性。审批权与企业或个人的切身利益有直接的联系，因此必须坚持"公正、公平、公开"的原则，使审批标准化、程序化，防止滥用权力，损害行政机关的公正形象，否则就难以树立必要的政府权威、实施政府的既定政策和方针。随着各地对发展旅游产业的重视程度的不断提高，先后出台了有关加快旅游业发展的决定，这些决定在一定程度上强化了旅游部门的权限，有利于旅游行业管理。比如，在开发利用旅游资源方面，确立了旅游部门参与立项审批和项目验收的权限；明确规定新建、改建和扩建的景点景区项目需经旅游管理部门同意方可报批。

监督手段。监督是实行行业管理和进行宏观调控的重要手段。对旅游行业实行全面的、严格的监督，有利于旅游产业协调发展，有利于提高旅游企业的经济效益。通过监督，不仅可以保证旅游行业的各企业遵守国家法令法规，保证旅游活动健康、有序地发展，还可以促进旅游企业不断改进经营管理、提高管理水平。旅游业是我国较早推行监督制度的行业，旅游经济监督对于较早地引入市场经营机制的旅游行业来说就更为重要。旅游经济监督通过统计、情况汇集等途径，可以正确反映旅游经济运行的状态、趋势和规律，为旅游政策提供决策和依据。在旅游业中，旅行社业最早并广泛运用经济监督。从 1991 年开始，全国经营国际旅游的旅行社都实行了旅行社经济指标考核和业务年检，取得了丰富的成功经验，对于旅游行业运行和全面深入地实施监督有着十分重要的意义。旅行社业务年检是政府部门对行业运行和实施监督的最好证明。除此之外，旅游质量监督管理所也已经在旅游行业管理中发挥越来越重要的监督作用。

检查手段。检查是一种刚性的管理手段，是行政执法的具体行为。检查手段被广泛应用于对各类旅游经营活动中违规违纪行为的查处。检查的目的是维护市场秩序。旅游市场检查的主要法规依据是《旅行社管理条例》及其《实施细则》，星级饭店评定、复核的有关规定，以及中央和国务院发布的关于出国旅游管理的文件等。与日益发展的旅游市场相比较，行业管理手段还是偏弱，与管理目标的高要求不相符。虽然各地旅游行业管理部门在法规手段相对不健全的条件下发挥了行业管理的高度自主性，创造了不少成功的经验，但存在的问题也不少。尽快加强和完善旅游立法，解决管理手段弱的问题已经成了迫切需要解决的问题。

三、旅游行业管理的内容

旅游行业管理的内容大体上分为三类：一是市场引导和维持秩序的内容；二是行业服务性的内容；三是行业协调性的内容。这三大类内容中，又依行业发展状况和当前工作重点的不同而有所侧重。就总体来说，第一类是基础性和主体性的，第二类是扩大性和外延性的，第三类是主导性和发展性的。三类管理的综合运行，可具体化为大量的日常性工作和开拓性工作。

（一）引导市场和维持市场秩序

通过产业政策和可能的经济杠杆调节市场供求关系。比如，随着旅游市场上旅行社数量的急剧增长，外联人数却没有显著增长，国内居民旅游对旅行社的利用率又较低，使旅游者的增长不足以支撑旅行社数量的增长，市场供求矛盾十分突出。随着 1995 年旅行社质量保证金制度的出台，国家旅游局当年就吊销了 5 家一类社、104 家二类社、1402 家三类社的营业执照，有效地调节了旅游市场的供求关系，极大地提高了旅游产业的产业素质。

通过运用国家法规和行业性法规建立旅游市场规则。旅游行业里的各个旅游企业的隶属关系非常复杂。旅游业经过起步阶段的急剧膨胀，供求关系趋于缓和。旅游需求虽也有一定的增长，但是供给增长的速度更快，旅游供求矛盾的状况趋于严重，市场就处于相对混乱的状态，行业内外对维护旅游行业秩序的呼声很高。那么，如何来维护旅游市场经营活动的秩序呢？只有形成相应的法律框架和执法力量。到目前为止，旅游行业真正的国家旅游法规只有《旅行社管理条例》，其他的主要是行业性的法规，比如国家旅游局主持制定的旅行社质量保证金制度。各省市人大或政府制定的《旅游管理条例》等地方性法规也有效地规范了旅游行业的市场秩序。

（二）向旅游企业提供行业性服务

通过行业性服务，组织和培育市场。随着市场机制在资源配置中基础性作用的加强，旅游行政管理部门对旅游企业的直接干预将会越来越少。而行业管理的服务内容将会越来越多，服务性功能将越来越强，这是旅游企业对行业管理的希望，同时也是旅游行业管理部门在社会主义市场经济中树立自己权威的最终途径。旅游行业管理部门在各地建立旅游综合市场和专业性批发市场方面都给予了大量的支持，尤其是与各地政府一起组织国内旅游交易会和国际性的旅游展销会等。

组织全行业性的市场促销，提高旅游企业竞争力。组织行业性的市场促销，提高企业竞争力也是旅游行业管理的一项工作，是旅游管理部门中心职能适应旅游产业不同阶段发展要求的必然使命。旅游管理部门的中心职能由初期的建设发展功能、中期的管理规范职能，必将转为成熟期的宣传促销功能。国家旅游局从 1992 年联合举办的"92 中国友好观光年"到 2000 年的"神州世纪游"，每年一个旅游主题，组团参加世界上几大主要的旅游展销会，增设海外旅游办事处等，都体现出行业管理部门为旅游企业服务的功能。地方各级旅游行业管理部门积极组织相关的旅游企业到主要客源地的促销会、说明会、旅游大篷车等，也都是希望通过这种服务性的工作，提高旅游企业的竞争力。

（三）旅游行业管理与协调

协调旅游行业与其他行业或部门的关系。协调与有关部门的关系，形成有利于行业发展的政策方针，也是旅游行业管理的一项工作。所谓协调，就是通过协商和调整，争取达到认识的一致、政策的认同、操作的支持和实施的有效。旅游行业管理的每次工作都包含协调，而难度最大的也是协调，可以说协调工作是旅游行业管理的关键。这是因为旅游业几乎涉及所有的政府部门，这种纵横交错的复杂业务和智能结构使旅游业的任何一项政策建议与发展计划都需要取得广泛的支持才能推动下去。协调活动对实行旅游业的宏观和微观目标十分重要。

旅游业的协调活动是多层次和多部门的：既有中央层次，也有地方层次；既在部门之间，也在企业之间；既有政策活动，也有经营活动。其中的核心则是部门协调。由于各个部门的侧重点和既定目标不尽相同，因此部门协调经常表现为利益上的妥协和力争。这种协调作为多方面、多部门的复合式协调，往往需要行政首长从推动和发展旅游业的战略目标出发，采取有取有舍的大胆决策。

在中央层次的协调通常包括以下几个方面：为整顿旅游市场秩序，旅游行业管理部门与工商行政管理部门、公安部门等之间进行的政策协调；与物价和民航方面进行价格政策的协调，如曾经推行过的星级饭店最低保护价；为批准某一项目而进行的技术协调，如为了旅游饭店星级标准上国标，1993 年国家旅游局与国家技术监督局的反复协调；为获取某项行业管理权与有关部门的协调，如 1997 年为了取得出国旅游管理权而与公安部的协调。

加强行业的国际联系，建立国际合作体制，也是旅游行业管理的一项任务。这也是世界旅游市场竞争发展的需要。旅游市场的竞争已经不仅仅限于企业之间的竞争，已经上升为举国竞争的高度。在世界经济一体化和区域化发展的大趋势下，旅游的区域合作也已经日趋重要。欧洲旅游合作委员会、东盟旅游年的举办都验证了这种趋势。加强国际合作还体现在进行跨区域的国际旅游规划和开发上，比如"玛雅文化"的规划开发。

过去的十几年中，我国已经在国际合作方面取得了一定成绩，但是在合作内容、合作范围、合作方式、合作层次上还需要进一步深化。我国在共同开发旅游线路产品（如丝绸之路）、旅游客源交流、联合促销等方面的国际合作前景十分广阔。就目前而言，要充分利用国际性（如世界旅游组织）和区域性国际旅游组织（如 PATA）的力量促进国际合作。"丝绸之路"的开发就直接受到了世界旅游组织的帮助。

第四节　旅游产业政策

一、产业政策的内涵与特征

（一）产业政策的内涵

产业政策的兴起。产业经济研究的兴起，与世界各国制定和执行产业政策的实践密切相关。产业经济理论是产业发展规律的反映，是对产业政策实践的指导。而产业政策则是产业理论的具体运用。

20 世纪 50 年代末 60 年代初之前，欧美一些国家虽然早就在运用经济政策和其他手段来进行产业管理，但是产业政策这个概念却始终没有独立。把产业政策这个概念推向世界是在第二次世界大战之后的日本。日本虽是产业政策概念的发源地，但到底如何界定产业政策的这个概念，许多日本经济学家也是众说纷纭。日本著名学者鹤田俊正认为，自

50 年代初期以来，随着日本经济的发展，遇到了各种各样的问题并提出了相应的对策。正是在这种产业管理的过程中，产生了"产业政策"这个术语，并逐渐成为通用词汇。

随着日本进行产业管理所创造的经济增长奇迹受到世界各国的瞩目，"产业政策"这个词汇也就逐渐地跨出了国界。1970—1972 年，经济合作与发展组织曾编写过其中 14 个成员国的有关产业政策的一系列调研报告。1980 年以后，世界各国政府的产业主管当局、经济理论界对产业政策的关注程度与日俱增。其背景是欧美发达国家由市场调节的经济增长率低落，但对经济采取干预的供给调节政策奏效；各发展中国家以实现发展战略为目的的产业政策取得了较大的成功。1985 年 5—6 月，包括东南亚各国、大洋洲、中南美、北美、中国及日本的 50 位学者，会集东京召开了第 15 届太平洋贸易开发会议。此会议的议题即"环太平洋区域经济成长及产业政策问题"。此时意味着产业政策概念已正式走向世界。

产业政策的内涵。由于世界各国对产业政策关心的背景不同，所面临的经济发展阶段及问题不一，因此各国对产业政策概念的理解和认识不尽相同，甚至存在较大差异。其中比较有代表性的观点主要有以下几种。

一是认为产业政策是有关产业的一切政策的总称。二是认为产业政策就是计划，是财政对未来产业结构变动方向的干预。三是认为产业政策是政府为了弥补市场机制所造成的失误而采取的一种补救措施，是在价格机制下针对资源分配方面出现的市场失败而进行的政策性干预。四是认为产业政策是发展中国家为了加快发展、赶超发达国家所采取的政策总称。世界银行报告认为，产业政策包括所有促进工业化进程和有利于发展中国家在工业发展中取得与欧美国家相类似水平的所有政策。也有观点认为，产业政策是指为了加强本国产品的国际竞争力的政策或是指国家系统设计的有关产业发展、特别是产业结构演变的政策目标和政策措施的总和。

以上各种定义中存在一些共同之处：第一，产业政策的主体是政府，它是由政府制定和实施促进产业发展的政策。第二，产业政策是一套政策体系，而不是一项单行的政策。第三，产业政策的基础是市场经济。因而，产业政策可以看作是市场经济条件下，政府为实现一定发展阶段的经济目标而制定和实施的促进产业发展的综合性政策体系。

（二）产业政策的特征

综观世界各国所实行的产业政策，以及经济学家对产业政策的研究成果，产业政策一般有以下特征。

产业政策的功能是多重的。产业政策主要用于：（1）克服资源配置中的市场缺陷；（2）加快产业结构转换；（3）保持和促进幼稚产业的发展；（4）帮助困难产业和衰退产业进行结构重整；（5）创造有利于平等竞争、规范竞争的市场环境和秩序；（6）发挥国家竞争优势，提高本国产业的国际竞争能力；（7）实现生产要素在国内各地区间的均衡配置；（8）使科技进步与产业结构调整互为促进；等等。

产业政策对经济的干预程度是深入的。产业政策由于干预了产业部门间和产业内部的资源分配过程，因而比凯恩斯主义的通过国民收入的再分配间接干预经济运行的总体经济政策又深入了一步。在某种程度上冲破了自由市场经济学说的传统教条，企图在市场经济基础上实施国家干预与市场调节有机结合的"混合经济"。

产业政策的理论基础是多方面的。除了产业结构理论、产业联系理论和产业组织理论外，还有诸如动态比较优势理论、经济发展计划理论、技术进步理论等。

产业政策的手段是综合性的。国家计划指导仅仅是产业政策的一个手段而已，诸如财政、税制、金融、外贸、外汇、价格。技术研制、转移和扩散，企业法、反垄断法以及必要的行政指导等都可以成为实施产业政策的选择性手段。不过在一个国家的具体历史时期，究竟能掌握多少种手段，与该国实施的经济体制以及政府的自主性及效能有关。

产业政策的内容是会变化的。由于发展阶段和发展程度的不同，产业政策往往因时因地而不同。如在西方，产业政策往往被看成是选择有希望成功的高新技术的一种尝试，或看成是选择决定市场结构的政策因素；在欠发达国家，产业政策则意味着工业化、发展战略和贸易政策。因此，研究产业政策不能脱离它所处的具体时空。

二、产业政策的分类、作用与实施手段

（一）产业政策的分类

产业政策作为一个政策体系，其主要类别包括：产业结构政策、产业组织政策、产业技术政策、地区产业政策和实施保障政策等。

产业结构政策。产业结构政策是产业政策的主要组成部分，它是根据产业结构情况和问题，以及今后国民经济发展的需要所确定的优化产业结构的目标和方向、重点发展的主导产业和相关产业、逐步实现产业结构现代化和取得更高经济效益的结构性政策。产业结构政策首先要规划产业结构的目标和方向，保证实现产业结构的合理化。为此，必须要选择好重点发展的产业和相关产业，组织好衰退产业的资源转移，实现资源优化配置。在此基础上，重点发展高新技术产业和新型产业，将已有的产业结构进一步推向现代化。

产业组织政策。产业组织政策又称企业组织结构政策，它主要调整产业内企业间及企业内部组织结构的关系。产业组织政策的目的，主要是提高企业的经济效益、促进生产服务产业的集中化和专业比、形成合理的组织结构体系、实现生产要素的最佳组合和有效利用。

产业技术政策。它是根据产业发展目标，指导产业在一定时期的技术发展的政策。它通过对产业技术的选择、技术开发、技术引导、技术改造等，通过对产业的技术结构、技术发展目标和方向、技术的国际竞争与合作等，提出具体的要求，逐步推动产业的发展。

地区产业政策。根据国家产业结构总体规划的要求，合理安排地区之间和地区内的产业分布；在促使各地区的产业发展符合国家宏观经济的发展要求和国民经济整体利益的前提下，充分发挥地区比较利益的优势，推进地区产业结构合理化的政策。

实施保障政策。为保障产业政策的贯彻实施，保证产业政策目标的顺利实现而采取的有关各种经济的、法律的、行政的以及其他多种手段的总称。

（二）产业政策的作用

正确的产业政策，对国民经济的健康发展具有十分重要的作用。

产业政策能够规划国民经济的发展，规范企业的生产经营活动。产业政策作为国家宏观经济政策的重要组成部分，其基本职能之一，是使国家乃至地区的产业发展具有明确的整体方向性。现在各国越来越多地开始重视产业政策的作用。产业政策还能为企业平等竞争、优胜劣汰、技术进步、提高效益提供重要的外部条件。各项产业政策都是规范社会经济活动特别是企业生产经营活动的重要政策。它既有限制企业不合理发展的一面，又有鼓励、扶持企业合理发展的一面。

产业政策推动社会资源的优化配置，促进优势的充分发挥，有利于国民经济整体效益的提高和社会总供求的基本平衡。社会资源的优化配置，是最大限度地发挥资源优势的前提，是提高国民经济整体效益的保证。实行正确的产业政策，可以为资源的优化配置创造有利条件。

产业政策是一种新型的、有前途的经济管理形式。产业政策自身的特点，决定了它既能实现国家宏观经济管理的要求，又能使企业充分发挥主观能动性。从以上分析可以看出，产业政策将在今后国家产业发展的管理中，日益发挥重要作用，具有广阔的前景。

（三）产业政策的实施手段

法律手段。目前，我国尚未有以法律形式出现的产业政策，只有国务院正式颁布实施的产业政策。今后随着市场经济体制的确立，以法律手段来推行产业政策具有广阔的空间。因为法律手段具有相对的稳定性，并且还有极高的权威性。

行政手段。今后产业政策的行政手段将进一步弱化。所谓弱化是指政府不再像过去那样，对各个产业进行分门别类的具体行政干预，而是从宏观上以行政手段进行干预，其权威性将会提高。在经济急剧变化的时期，行政手段具有简单易行的优点，今后在压缩行政手段运用空间的同时，对一些重要产业政策问题，仍将保留行政手段。

财政税收手段。从当前形势来看，财政对经济建设尽管可以发挥一定的导向作用，但其支持力度有限。同样，国家在税收方面可能采取的措施也将十分有限。因此，在今后产业政策中运用财政税收政策，一定要集中于少数必须通过财政税收政策予以支持的领域，如基础产业的发展、基础设施的建设和高新技术的发展等。即使在这些领域，国家的财政税收政策也只能起到引导的作用。

金融手段。随着我国金融体制的改革，金融体制逐步健全与发展，金融手段在产业政策中的运用将日益增加。金融手段以多样化、灵活性大而可以运用于不同的产业政策层面。不同的金融机构在不同的产业政策中处于不同的地位。国家的宏观金融政策，对整个国家的产业政策实施起着重要作用。国家对具体领域的信贷政策等可能影响到具体产业的发展。

信息手段。信息手段目前在我国产业政策中已经得到应用。随着我国经济的日益市场化，信息手段将起到越来越大的作用。信息手段的优点是覆盖面广，适应市场经济的运行特点，使用成本低。信息手段要发挥作用，一定要科学、权威、客观、及时。

三、旅游产业政策

（一）旅游产业政策的含义

产业政策是政府为改变产业间的资源分配和各种企业的某种经营活动而采取的政策。旅游产业政策是政府为了实现一定时期内特定经济和社会目标而制定的针对旅游产业的各种政策的总和。

不同的历史时期，政府对旅游产业的经济发展目标不同，决定了旅游产业政策不同。我国旅游业发展初期的主要目标是为国家多创收外汇，体现在产业政策上就是国际入境旅游优先。在旅游业的布局上倾向于七个重点旅游区。由于当初旅游住宿设施极度紧张，所以在旅游产业组织方面积极鼓励各方力量的进入，形成了迄今为止最为重要的一项旅游产业政策——国家、地方、部门、集体和个人一起上，自力更生和利用外资一起上的"两个一起上"政策。

在旅游产业发展的现阶段，旅游业的主要目标是刺激消费、促进国民经济增长和提高旅游产业的国际竞争力，体现在产业政策上就是大力发展国内旅游，在旅游产业布局上讲究多点齐动、全面发展。由于全球旅游产业竞争十分激烈，旅游设施结构矛盾较为严重，所以在旅游产业组织政策方面就要在一定程度上进行限制，强调进行旅游企业的集团化、网络化发展，最大限度地增强国内旅游企业的国际竞争力。

（二）旅游产业政策的内容

旅游产业结构政策。由于旅游产业的综合性和依赖性都很强，因此旅游产业的结构问题基本包括三个层次。

第一，产业定位问题，即旅游产业在国民经济产业体系中的位置。近年来，各地发展旅游产业的积极性都很高，对旅游产业一般都有明确的产业定位，如国民经济的支柱产业、先导产业，第三产业的支柱产业、龙头产业等。鉴于国民经济发展进入了一个新阶段以及旅游产业在扩大内需中所起的出色作用，国家在1998年底将旅游产业定位为国民经济新的增长点。我们要以此为指导思想，鼓励、支持、加快旅游产业的发展。

第二，产业宏观问题，即国际旅游与国内旅游以及出境旅游的相互关系和政策协调。现在，我国旅游产业已经不是开始时的国际入境旅游一枝独秀的局面。经过若干年的发展，尤其是随着经济的发展和居民生活消费水平的不断提高，基本形成了国际旅游、国内旅游和出境旅游三种层次互补互促的发展格局，而且这种格局在21世纪必将得到进一步地发展。三种旅游今后如何发展，应在坚持原有各种合理旅游政策的基础上，做出符合旅游产业发展实践的调整。对入境旅游，可规定参照外贸出口政策对旅游创汇企业实施奖励；对国内旅游，可制定鼓励国民旅游的消费政策，比如，国民旅游计划，实行社会旅游（针对低收入阶层的福利旅游）；对出境旅游，可规定经营企业实行与入境旅游经营相挂钩的政策。在产业宏观问题上要明确国内旅游的基础性作用。

第三，产业配套问题，即旅游产业内各单项结构的合理化。因为旅游产业是包括吃、住、行、游、购、娱六大要素在内的综合性产业，其持续、健康、快速地发展，离不开各环节的配套，离不开各部门的配合与支持。要制定相关政策，防止各要素之间结构错位、重复建设，比如旅游饭店、旅行社的供求结构严重错位将会导致削价竞争，旅游景点、旅游设施的开发建设不足又可能导致旅游行程单调。

以上三个层次之间又存在各种纵向的相互关系，从而形成一个较为完整复杂的旅游产业结构；三个层次政策的综合，形成一个完整的旅游产业结构政策体系。

旅游产业布局政策。旅游产业由于受资源分布、区位、交通条件、旅游行程等因素的影响，表现在旅游产业的布局上就与农业、工业等其他产业有所区别，既有产业分布的区域性问题，也有产业分布的点线结合、点面结合的问题。由于我国旅游发展道路和发展战略的特殊性，客观上形成了旅游地区格局的"重东部，轻中西"的局面。这固然有旅游市场距离、旅游者圈层辐射性扩散等正常因素的影响和作用，但是各类地区又随着形势发展而变化，这就要求在新的形势面前做出相应的调整。就大范围的调整而言，在承认旅游产业发展的地区性差异的前提下，为了配合国家开发西部战略的实施、保证我国旅游产业的持续发展有新的增长点，在继续发展好东部沿海地区的旅游业的同时，应该加强中西部地区的旅游业的发展，并在政策上给予适当的倾斜。

各地的资源禀赋并不完全一致，因此客观上就存在不同的比较优势。并不是每个地区都需要将旅游产业的发展作为地区发展的唯一法宝，也并不是说，每个地区旅游业的发展都要面面俱到。在旅游产业政策中，应根据旅游吸引物分布的特殊性，强调形成旅游区域的专业化分工，比如海南的海滨度假、黑龙江的冰雪旅游、云南的生态旅游和民俗风情旅游等。此外，还要根据各地的区位优势，如沿海、沿边、沿路、沿江等，形成各自有相对优势的旅游产品分布。根据资源的互补性、产品的相关性和交通的便利状况等条件，加强旅游产品的点线、点面之间的联系，形成独具优势和具有较强竞争力的产品系列。在政策上要照顾旅游发展历史上自然形成的"温点"和"冷点"，确定"热点带动温点、刺激冷点"的思想，以带动旅游产业的全面发展。

旅游产业组织政策。这方面的政策是对旅游企业实际运行深层次的分析。其政策出发点是通过协调竞争与规模经济的关系，既缓解垄断对市场经济运行造成的弊病，又维护一定的规模经济水平。政策涉及旅游企业的市场进入、经济规模等一系列问题，包括旅游市场结构控制政策、旅游市场行为调整政策和一些直接改善旅游产业内不合理的资源配置政策。

国家应鼓励大中型旅游企业建立现代企业制度，小型旅游企业实行适应市场经济需要的灵活体制；应鼓励发展跨地区、跨行业、跨所有制的旅游企业集团，打破地区封锁和行业垄断，形成由大型企业主导和规范市场的格局；鼓励企业通过合并、兼并、相互持股等方式，进行自主联合改组和资产运营；鼓励旅游企业的网络化发展，推动建立区域性、全国性甚至国际性的营销网络。

旅游产业市场政策。明确和强调市场导向的观念是市场经济对产业政策的基本要求之一。旅游产业的市场政策应该明确体现出，在现实的状况下，应该支持哪些方面，又应该限制哪些方面。比如对旅游景点、景区的开发，要考虑客源市场近距离的雷同和重复建设，尤其是在全国出现人造景观热、旅游支柱产业热时，要有相应的政策措施加以引导、规范和限制。在旅游接待设施建设方面，要考虑市场饱和度、区域分布、档次高低；在旅游产品开发方面，要以市场需求为导向，开发有市场前景、生命力持久和竞争力强的产品。

尽管在我国旅游产业的收入构成中，国内旅游占据着绝对的地位，但是旅游产业的创汇功能依然是发展旅游业的主要功能。因此，旅游产业的外向性依然是旅游产业的重要特征。另外，由于旅游产业对国民经济的特殊作用，世界各国尤其是各发展中国家不断加大对旅游业发展的支持力度，致力于旅游客源的争夺，旅游客源市场的开拓也就不断由表层性开发向深层性开发转变，开发的难度也不断加大。旅游产业的外向性、国际竞争激烈性和市场开发艰巨性使旅游产业市场开发政策理所当然地成了旅游产业政策的组成部分。在旅游产业政策中必须由相关的政策措施来刺激各旅游企业的市场开拓积极性，毕竟旅游企业才是旅游产业的真正主体。

旅游产业技术政策。在现代经济的发展中，技术的含量越来越高，高技术与高生产力、强竞争力之间存在着直接的线性关系。因此，在旅游产业中，电脑预订、电子信函、卫星通信、先进交通工具、新型建材等的运用就成了提高产业素质的重要条件。政府应该制定相应的用以引导和干预旅游产业技术进步的政策，包括旅游产业技术进步的指导性政策、旅游产业技术进步的组织政策、旅游产业技术进步的激励性政策等。为了尽快增加旅游产业发展中的科学技术含量，适应经济和社会发展的大趋势，促使旅游产业更快地发展，在制定旅游产业技术政策时应考虑：加快推进标准化工作进程，提倡采用国际标准和国外先进标准；支持引进和消化国外的先进技术，提高我国旅游设施的技术性能，提高产业技术水平；鼓励产、学、研的结合，鼓励和支持对引进先进技术的消化吸收与创新，促进应用技术的开发，加速科技成果的推广；以法规的形式定期公布淘汰落后的运载设备和科技含量低的人造景点。

旅游产业保障政策。旅游产业政策的实施必须有一套手段和政策相配套的体系。产业政策的研究是实证性研究，产业政策制定的是针对性的政策，产业政策的实施就必然要有相应的政策和手段来保障，这些保障政策是综合性的、成体系的。总而言之，旅游产业政策的有效实施，在很大程度上取决于保障手段。推行产业政策的手段不同，甚至可能改变产业政策的属性。因此，在旅游产业保障政策中要考虑：要求相关职能部门把旅游产业政策作为今后旅游产业发展的纲领性文件，作为今后部署、检查、评比旅游工作的重要标准，以督促旅游主管部门对产业政策的落实；要求旅游产业的相关部门发挥各自的职责，支持旅游部门贯彻实施好旅游产业政策；要求以法律、法规等形式保证旅游产业政策的实施。

参考文献

[1] 叶秀霜 . 旅游经济学 [M]. 北京：北京大学出版社，2005.

[2] M. 瑟尔·辛克莱主编 . 旅游经济学 [M]. 宋海岩译 . 北京：高等教育出版社，2004.

[3] 罗明义 . 现代旅游经济学 [M]. 昆明：云南大学出版社，2004.

[4] 田里 . 旅游经济学 [M]. 北京：高等教育出版社，2003.

[5] 吕宛青 . 旅游经济学 [M]. 北京：科学出版社，2006.

[6] 田里，牟红 . 旅游经济学 [M]. 北京：清华大学出版社，2007.

[7] 邹树梅 . 现代旅游经济学 [M]. 青岛：青岛出版社，1998.

[8] 张建春，金世胜 . 旅游经济学 [M]. 北京：高等教育出版社，2001.

[9] 李伟清 . 旅游经济学 [M]. 上海：上海交通大学出版社，2002.

[10] 王晨光 . 旅游经济学 [M]. 北京：经济科学出版社，2004.

[11] 沈桂林 . 旅游经济学 [M]. 北京：中国商业出版社，2002.

[12] 张金锁 . 技术经济学原理与方法 [M]. 北京：机械工业出版社，2001.

[13] 李肇荣 . 旅游经济学 [M]. 北京：高等教育出版社，2008.

[14] 郝索 . 旅游经济学 [M]. 北京：中国财政经济出版社，2009.

[15] 厉新建，张辉 . 旅游经济学原理 [M]. 北京：旅游教育出版社，2016.

[16] 罗明义 . 旅游经济学 [M]. 北京：北京师范大学出版社，2009.

[17] 厉新建，张辉，厉新权 . 旅游经济学 [M]. 北京：中国人民大学出版社，2012.

[18] 吕宛青 . 旅游经济学 [M]. 北京：高等教育出版社，2012.

[19] 朱沁夫 . 旅游经济学 [M]. 长沙：湖南大学出版社，2005.

[20] 罗明义 . 现代旅游经济学 [M]. 昆明：云南大学出版社，2008.